उत्तर प्रदेश का स्वतंत्रता संग्राम

संत कबीर नगर

संरक्षण

योगी आदित्यनाथ

माननीय मुख्यमंत्री, उत्तर प्रदेश

मार्गदर्शन

श्री जयवीर सिंह

माननीय मंत्री, संस्कृति एवं पर्यटन विभाग, उत्तर प्रदेश

निर्देशन

श्री मुकेश कुमार मेश्राम

प्रमुख सचिव, संस्कृति एवं पर्यटन विभाग, उत्तर प्रदेश
अध्यक्ष-संस्थान

श्री शिशिर

निदेशक, संस्कृति निदेशालय, उत्तर प्रदेश
उपाध्यक्ष-संस्थान

राज्य स्तरीय परामर्श समिति

श्री मुकेश कुमार मेश्राम

प्रमुख सचिव, संस्कृति विभाग, उत्तर प्रदेश शासन—अध्यक्ष

श्री शिशिर

निदेशक, संस्कृति निदेशालय, उत्तर प्रदेश—सदस्य

श्री आनन्द कुमार

विशेष सचिव, संस्कृति विभाग, उत्तर प्रदेश शासन—सदस्य

प्रो. आर.के.पी. सिंह

कुलपति, डॉ. शकुंतला मिश्रा राष्ट्रीय पुनर्वास वि.वि., लखनऊ—सदस्य

प्रो. आलोक कुमार राय

कुलपति, लखनऊ वि.वि., लखनऊ—सदस्य

डॉ. आनन्द कुमार सिंह

निदेशक, उत्तर प्रदेश संग्रहालय निदेशालय, लखनऊ—सदस्य

प्रो. सूर्य प्रसाद दीक्षित

पूर्व अध्यक्ष, हिंदी विभाग, लखनऊ विश्वविद्यालय—सदस्य

डॉ. विद्याबिंदु सिंह

वरिष्ठ साहित्यकार, लखनऊ—सदस्य

प्रो. डी.पी. तिवारी

पूर्व अध्यक्ष, प्राचीन भारतीय इतिहास विभाग, लखनऊ विश्वविद्यालय—सदस्य

डॉ. रवि भट्ट

इतिहासवेत्ता, लखनऊ—सदस्य

डॉ. लवकुश द्विवेदी

निदेशक, अयोध्या शोध संस्थान, संस्कृति विभाग, उत्तर प्रदेश—सदस्य/सचिव

उत्तर प्रदेश का स्वतंत्रता संग्राम

संत कबीर नगर

अजय कुमार पांडेय

कार्यकारी संपादक

डॉ. आनन्द कुमार सिंह

राजकमल प्रकाशन

उत्तर प्रदेश
संग्रहालय निदेशालय
(संस्कृति विभाग, उ. प्र.)

उत्तर प्रदेश संग्रहालय निदेशालय, लखनऊ (संस्कृति विभाग, उ.प्र.) के सहयोग से

ISBN : 978-93-94902-45-9

मूल्य : ₹500

पहला संस्करण : 2023

प्रकाशक : राजकमल प्रकाशन प्रा. लि.
1-बी, नेताजी सुभाष मार्ग, दरियागंज
नई दिल्ली-110 002

शाखाएँ : अशोक राजपथ, साइंस कॉलेज के सामने, पटना-800 006
पहली मंजिल, दरबारी बिल्डिंग, महात्मा गांधी मार्ग, प्रयागराज-211 001

वेबसाइट : www.rajkamalprakashan.com
ई-मेल : info@rajkamalprakashan.com

शब्द संयोजन : राजकमल प्रकाशन प्राइवेट लिमिटेड, दिल्ली-110 002

मुद्रक : बी.के. ऑफसेट
नवीन शाहदरा, दिल्ली-110 032

Uttar Pradesh Ka Swatantrata Sangram : SANT KABIŔ NAGAR
by Ajay Kumar Pandey
Executive Editor Dr. Anand Kumar Singh

मेरी प्रात:कालीन पूजनीय माताश्री
श्रीमती मालती पांडेय के चरणों में
सादर समर्पित

भूमिका

भारत की स्वतंत्रता के 75 वर्ष पूरे होने पर मनाए जा रहे आजादी का अमृत महोत्सव के उल्लास के क्षणों में देश बलिदानियों को सदैव स्मरण रखे और उनके गौरव से गौरवान्वित हो सके, इसके लिए राष्ट्र से जुड़ी संचेतनाएँ सदैव किसी-न-किसी ऐसे कार्य के लिए तत्पर रहती हैं, जिससे हम सब उस संघर्षों से तपोभूत अपने स्वर्णिम अतीत से शिक्षा पा सकें। अपने आत्म-गौरव को पाने के लिए प्रयासों में रही कमियों को दूर कर सकें और अपने उस महान वैभव को पुनः प्राप्त हो सकें, जिससे हम विश्वगुरु कहलाते थे। हम फिर से उन पंक्तियों को दोहरा सकें, जिनमें हमारा वैभव विश्व को चमत्कृत करता हो।

कोई भी राष्ट्र अपने अतीत को विस्मृत करके विकसित नहीं हो सकता। राष्ट्र की सफलताओं में अतीत की प्रेरणाएँ, रक्तशिराओं में ओज बनकर प्रवाहित होती हैं तो कोई राष्ट्र अपने परम वैभव को प्राप्त होता है।

ऐसे में, जब भारत माता के सुपुत्र, देश के परम यशस्वी प्रधानमंत्री नरेंद्र मोदी जी के नेतृत्व में स्वतंत्रता के अमृत महोत्सव के पुण्य पर्व पर विगत एक वर्ष से अनेकानेक कार्यक्रम आयोजित कर रहे हैं, उत्तर प्रदेश के परम तपस्वी मुख्यमंत्री श्रद्धेय योगी आदित्यनाथ जी महाराज की प्रेरणा से, माननीय श्री जयवीर सिंह जी, कैबिनेट मंत्री संस्कृति मंत्रालय, उत्तर प्रदेश की सांस्कृतिक, ऐतिहासिक और बलिदानी धरोहरों को सँजोने का सुसंस्कृत इतिहास यज्ञ श्री मुकेश मेश्राम, आईएएस, (प्रमुख सचिव, संस्कृति एवं पर्यटन विभाग, उत्तर प्रदेश) और श्री शिशिर जी आईएएस (निदेशक, संस्कृति विभाग, उत्तर प्रदेश) के निर्देशन में, अयोध्या शोध संस्थान के निदेशक श्री डॉ. लवकुश द्विवेदी द्वारा किया जा रहा है। स्वतंत्रता के 75वें वर्ष के पावन अवसर पर, उत्तर प्रदेश के 75 जनपदों का इतिहास, 75 लेखकों द्वारा, 75 खंडों में लिखा जाना दुर्लभ संयोग है।

पुस्तक के द्वितीय संस्करण को प्रस्तुत करते हुए प्रसन्नता की अनुभूति हो रही है। प्रथम संस्करण में मिले पृष्ठपोषण को समाहित किया गया है। तथा श्री विजय प्रताप सिंह जी द्वारा दिए गए अमूल्य सुझावों को समाविष्ट किया गया है।

जनपद संत कबीर नगर के लिए यह परम पुनीत दायित्व हमें मिलने पर गौरव की अनुभूति के साथ अपने स्वतंत्रता सेनानियों का भी पावन स्मरण हो आया।

उत्तर प्रदेश संस्कृति मंत्रालय द्वारा आजादी के अमृत महोत्सव श्रृंखला के अंतर्गत उत्तर प्रदेश के सभी जनपदों का आजादी में योगदान विषय पर शोधपरक पुस्तक प्रकाशन की योजना अत्यंत प्रशंसनीय है। उत्तर प्रदेश जैसे विशाल प्रदेश का इस प्रकार से व्यापक स्तर पर अध्ययन संभवत: पहली बार हो रहा है। जबकि कृतज्ञ राष्ट्र अपने बलिदानियों को आजादी के 75वें वर्ष में अमृत महोत्सव के रूप में श्रद्धांजलि अर्पित कर रहा है। इस श्रृंखला में पूर्वांचल के सांस्कृतिक एवं वैचारिक रूप से समृद्ध जनपद संत कबीर नगर की जिम्मेदारी मुझे मिलना मेरे लिए गौरव की बात है। यह जनपद मध्यकाल के संत शिरोमणि संत कबीर के नाम पर स्थापित है। जनपद के नाम अन्य कई विशेषण जुड़े हुए हैं, जिसकी चर्चा निश्चित रूप से वर्णित अध्यायों में की जाएगी। संत कबीर नगर दुनिया को शांति का संदेश देनेवाले गौतम बुद्ध का जुड़ाव भी इस जनपद से है। गृहत्याग के पश्चात गौतम बुद्ध अपने अश्व कथंक एवं सारथी क्षंद्रक के साथ यहाँ पर प्रवाहित होनेवाली नदी आमी (प्राचीन नाम अनोमा) के तट पर राजसी वस्त्र त्यागकर आगे सत्य, अहिंसा एवं करुणा के मार्ग पर चलते हुए बुद्धत्व की प्राप्ति की। जिले की भौगोलिक सीमा की प्राचीनता संभवत: भारत की प्राचीनतम मानवीय बसावटों में सम्मिलित है, जिसकी पहचान पुरातात्त्विक उत्खननों एवं वैज्ञानिक अध्ययन द्वारा स्थापित हो चुका है। इसकी भी चर्चा अवश्य की जाएगी। ऐसे पुरातात्त्विक स्थल लहुरादेवा, कोपिया, धर्मसिंहवा इत्यादि हैं। लोक परंपरा के अनुसार इस क्षेत्र में अनंत काल से मानवीय गतिविधियाँ रही हैं। अयोध्या जी में सहस्त्रों वर्ष पूर्व सूर्यवंश की स्थापना और बस्ती गंडल में ऋषि-मुनियों का वास रहा है। प्राचीन साहित्य के अध्येताओं ने सूर्यवंश की स्थापना और इस अंचल में स्थापित आश्रमों का काल आज से 5000 वर्ष के आसपास और कुछ उससे भी कई सहस्राब्दियों पूर्व का मानते हैं। मध्यकाल में संत कबीर नगर जनपद में स्थित खलीलाबाद का नामकरण मुगलकालीन चकलादार खलीलुर्रहमान के नाम पर पड़ा, जिसके अवशेष आज भी खलीलाबाद कोतवाली एवं श्री समयमाता के मंदिर के आसपास देखा जा सकता है। स्वतंत्रता संग्राम की कालखंड में जनपद का विशेष स्थान रहा है, जिसमें स्वतंत्रता आंदोलन की पहली लड़ाई 1857

से लेकर 1947 तक इस भौगोलिक परिक्षेत्र में विशेष योगदान रहा है, जिसकी व्यापक चर्चा पुस्तक में शोधपरक एवं लोगों से वार्तालाप कर वर्णित किया गया है। जनपद की आर्थिक गतिविधि कृषि प्रधान रही है, किंतु हस्तशिल्प एवं कपड़े का उद्योग यहाँ की आर्थिक गतिविधियों का केंद्र रहा है, जिसमें बखिरा का बर्तन उद्योग, मगहर एवं आसपास के क्षेत्र में कपड़ा एवं सूत उद्योग प्रमुख रूप से उल्लेखनीय हैं। खलीलाबाद स्थित बरदहिया बाजार सदियों से कपड़ों की बड़ी मंडी के रूप में विख्यात है, जिसे पूर्वांचल का मानचेस्टर कहा जाता है। मगहर स्थित गांधी आश्रम कपड़ा उद्योग का एक अन्य प्रसिद्ध केंद्र है। बखिरा का पीतल बर्तन उद्योग को राज्य सरकार द्वारा (छोटा पीतल नगरी) 'वन डिस्टिक्ट वन प्रोडक्ट' (ODOP) के रूप में चिह्नित किया गया है। सांस्कृतिक दृष्टि से सनातन परंपरा के कई मंदिर एवं टीले अति प्रसिद्ध हैं। आज भी लोग इन मंदिरों को आस्था एवं पवित्रता की भावना से पूजते चले आ रहे हैं। संत कबीर नगर के प्राचीन मंदिरों एवं उससे जुड़ी जनश्रुतियों की चर्चा भी इस पुस्तक का प्रमुख अंग है। मंदिरों में तामेश्वरनाथ का शिव मंदिर, कोपिया का कोपेश्वरनाथ मंदिर, मेंहदावल का कुबेरनाथ मंदिर, लहुरादेवा का समय बौरहिया माई का बड़ा मंदिर है। मान-मनौती पूरी होने की आस और पूरी होने पर मनौती करनेवालों के रेले इन मंदिरों को गुलजार किए रहते हैं। एक ओर मगन-मन भक्त जनों के ढोल-करताल की ताल पर माई के सुमिरन में उठते सुर, शिव भक्तों का शिवालयों पर जल चढ़ाने जाते चढ़ाकर लौटते लोग आम की सूखी जलवान से हवन-पूजन के साथ उठती शंख ध्वनि और दूसरी ओर रंग-बिरंगे लूगे लहराती, तुरत-फुरत जुड़े चूल्हों पर देशी घी से महमहाती पूड़ियाँ उतारती महिलाएँ और इधर-उधर लहराते बाल-बच्चों का मेला लगा रहता है। यह दृश्य लगभग संपूर्ण उत्तर भारतीय क्षेत्रों में दृष्टिगत होता है। इसके अतिरिक्त कुछ विशेष अवसरों पर लगनेवाले मेले-जैसे सावन में तामेश्वरनाथ का मेला, खिचड़ी पर लगनेवाले मगहर महोत्सव मेला, उत्तर भारत की सांस्कृतिक झाँकी प्रस्तुत करती है। जहाँ आज भी गाँव के लोगों की आवश्यकता के लगभग सभी सामान, कृषि उपकरण, चौकियाँ, पीढ़ा, मचिया सभी सामान उपलब्ध रहते हैं। इन मेलों में दूरदराज से व्यापारी अपने सामानों की बिक्री करते हैं। इन मेलों में भारत के ग्रामीण समाज का एक विहंगम नजारा दिखाई देता है।

साहित्यिक दृष्टि से भी संत कबीर नगर जनपद में कई प्रसिद्ध साहित्यकार, कवि हुए हैं, जिनके व्यक्तित्व एवं कृतित्व पर प्रकाश डाला गया है। इसमें सबसे प्रमुख शृंगार रस के कवि रंगनारायण पाल 'रंगपाल' को इस जनपद की साहित्यिक पहचान

को राष्ट्रीय स्तर पर स्थापित करने का श्रेय जाता है। इसके अतिरिक्त धनघटा के कवि श्रेष्ठ रामदेव सिंह 'कलाधर' इस जनपद के साहित्यिक परंपरा को राष्ट्रीय स्तर पर स्थापित किए। मध्यकालीन महान संत कबीर साहब के साखी एवं शबद संभवत: हर उत्तर भारतीय की जबान पर है।

इस तरह प्रस्तुत शोधपरक पुस्तिका में यह रेखांकित करने का प्रयास किया गया है कि संत कबीर नगर जनपद की भौगोलिक सीमा के अंतर्गत प्राचीन काल से लेकर मध्यकाल एवं विशेष रूप से स्वतंत्रता संग्राम आंदोलनों में कितना महान योगदान रहा है। 1857 से लेकर 1947 तक विभिन्न आंदोलनों में इस भौगोलिक क्षेत्र का बहुविध योगदान रहा है।

प्रस्तुत पुस्तक के संपन्न होने में प्रत्यक्ष और परोक्ष रूप से विशिष्टजनों एवं संस्थाओं के प्रति नतमस्तक होकर आभार ज्ञापन करना अपना धर्म समझता हूँ, जिनके विविधोपयोगी सहयोग के बिना यह कार्य संपादन करना कठिन होता। इस पुस्तक के पूर्ण होने पर मन आह्लादित है, अपनी उपलब्धि के लिए नहीं, वरन उन अविस्मरणीय गुरुजन, परिजन एवं सुधीजन के प्रस्तुत कार्य में अनुमति, प्रेरणा, प्रोत्साहन, आशीष, दिशानिर्देश, सामग्री संचयन में सहायता पारिवारिक दायित्वों के संवरण और अमूल्य सुझाव के लिए।

सर्वप्रथम मैं आभारी हूँ, संस्कृति मंत्रालय, उत्तर प्रदेश सरकार के उन सुधी श्रेष्ठ प्राधिकारियों एवं विशेषज्ञ समिति के सदस्यों का, जिन्होंने इस गुरुतर दायित्व के लिए मेरा चयन किया। मैं ऋणी हूँ निदेशक, संग्रहालय, उत्तर प्रदेश, लखनऊ तथा विशेषज्ञ समिति का, जिन्होंने मेरे कार्य पर संतोष व्यक्त किया।

इतिहास में शोध परंपरा है। अत: शोध में गुण-दोष हो सकते हैं। जो प्राप्त हुआ और खोजा जा सका है, अल्पकाल में उन सभी को यहाँ स्थान देने का प्रयास किया गया है। पुनरपि हरि अनंत हरिकथा अनंता...समय सीमा में इस कार्य को पूर्ण करना भी आवश्यक है। जो छूट गया, उसे भविष्य में पुन: लिखा जाएगा। गच्छत: स्खलनं भवत्येव प्रमादत:...जो कमी रह गई हो, उससे अवगत अवश्य कराइएगा। सुधार और संशोधन शोध का भाग होता है।

इस पुनीत कृति को राष्ट्र को समर्पित करते हुए आत्मगौरव से अभिभूत हूँ।

जनपद संत कबीर नगर के समस्त हुतात्माओं के चरणों में वंदन करते हुए अपनी बात समाप्त करता हूँ।

—अजय कुमार पांडेय

क्रम

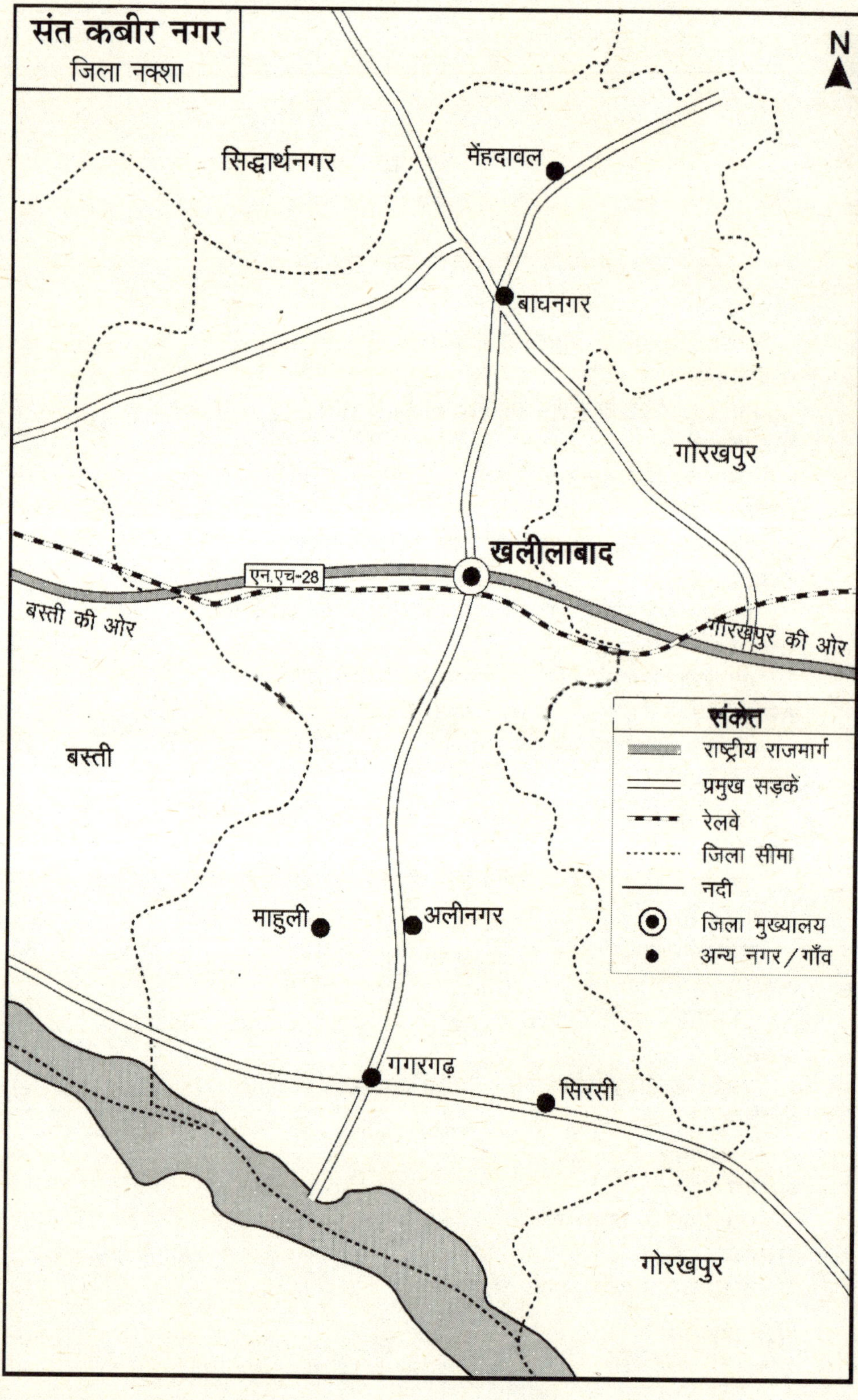

संत कबीर नगर
जिला नक्शा
N
सिद्धार्थनगर
मेंहदावल
बाघनगर
गोरखपुर
खलीलाबाद
एन.एच-28
बस्ती की ओर
गोरखपुर की ओर
बस्ती
संकेत
राष्ट्रीय राजमार्ग
प्रमुख सड़कें
रेलवे
जिला सीमा
नदी
जिला मुख्यालय
अन्य नगर / गाँव
माहुली
अलीनगर
गगरगढ़
सिरसी
गोरखपुर

जनपद—संत कबीर नगर के दिवंगत स्वतंत्रता संग्राम सेनानियों की सूची

क्र.	स्वतंत्रता संग्राम सेनानी का नाम	पिता/पति का नाम	स्थायी/वर्तमान पता	पी.पी.ओ.सं.	पी.पी.ओ.सं. केंद्र	मृत्यु का दिनांक
1.	श्री देवदास भाई	-	ग्राम—नीवाहोरिल, पोस्ट—गनपतगंज, संत कबीर नगर	7857	FFI/3158	27.05.2012
2.	श्री बंशराज सिंह	श्री सरजू सिंह	भगवानपुर, हरिहरपुर, संत कबीर नगर	Pol.State/31830	-	01.11.2002
3.	श्री जय राम	-	कोड़री, विश्वनाथपुर, संत कबीर नगर	Pol.State/31400	-	उपलब्ध नहीं है।
4.	श्री चंद्रबली	-	नौदरी, मेंहदावल, संत कबीर नगर	Pol.State/22095	-	14.10.20212
5.	श्री अभिमन्यु राय	श्री गनपति राय	बालूशासन, बघौली, संत कबीर नगर	Pol./34440	-	उपलब्ध नहीं है।
6.	श्री चंद्रभाल अग्रहरी	श्री काशी प्रसाद	भाटपार, मीरगंज, संत कबीर नगर	Pol./25308	-	14.04.2009
7.	श्री शिव लखन राय	श्री कामता राय	बालूशासन, बघौली, संत कबीर नगर	Pol.State/35557	-	19.11.1989
8.	श्री सीता राम	श्री गंगा यादव	ददरा, मेंहदावल, संत कबीर नगर	Pol.State/34310	-	उपलब्ध नहीं है।
9.	श्री राम विलास शर्मा	-	टुंगपार, खलीलाबाद, संत कबीर नगर	Pol.State/34047	Pol.Central/22770	उपलब्ध नहीं है।
10.	श्री यशोमित्र उर्फ वसुमित्र	श्री गुप्तार राम जी आर्य	खलीलाबाद, संत कबीर नगर	Pol./p/5706/90	-	03.03.2003
11.	श्री रिखमुनि राय	-	ग्राम व पोस्ट—तामा, संत कबीर नगर	Pol.State/23381	&	25.09.1999
12.	श्री गंगा प्रसाद	-	पखुवापार, खलीलाबाद, संत कबीर नगर	Pol./30683	-	उपलब्ध नहीं है।
13.	श्री अमर नाथ त्रिपाठी	-	गजाधरपुर, पोस्ट—बानपुर, संत कबीर नगर	Pol.S/9364	Pol.Central/ffi/2378	उपलब्ध नहीं है।
14.	श्री निजामुद्दीन	-	बाघनगर, संत कबीर नगर	Pol.State/53925	Pol.Central/ffi/17813	उपलब्ध नहीं है।
15.	श्री मीर माजिद अली	-	शेरपुर, मगहर, संत कबीर नगर	Pol.State/34659	Pol. Central/ffi18589	उपलब्ध नहीं है।

जिला कोषाकार संत कबीर नगर के सौजन्य से

अध्याय : 1

स्वतंत्रता संग्राम में जनपद की भूमिका

मेंहदावल रक्शा के रणबाँकुरों ने छुड़ा दिए थे अंग्रेजों के छक्के

देश को आजादी दिलाने में मेंहदावल तहसील के रक्शा गाँव के वीर सपूतों का भी काफी योगदान रहा। वर्ष 1930 में अंग्रेजों के खिलाफ यहाँ के नौजवानों ने बिगुल फूँका, तो अंग्रेजी हुकूमत सकते में आ गई थी। इसके बाद अंग्रेजी सैनिकों का सितम पूरे गाँव के लोगों ने झेला। तमाम यातनाएँ सहीं, गाँव को जला दिया गया लेकिन उसके बाद भी यहाँ के वीर पथ से डिगे नहीं।

अंग्रेजी सरकार के प्रमुख स्तंभ रहे राजा चंगेरा के खिलाफ आंदोलन शुरू करते हुए गाँव के लालसा प्रसाद मिश्र के नेतृत्व में बाँसी स्थित उनके महल पर चढ़ गए। अपनी वीरता की बदौलत अंग्रेजों को लोहा मनवाया है। गाँव में अथवा बाहर कहीं भी इस घटना का कोई स्मारक नहीं है। इतिहास की किताबें और चंद दस्तावेज न हों तो इस घटना से जिले के लोग ही अनभिज्ञ रह जाएँगे।

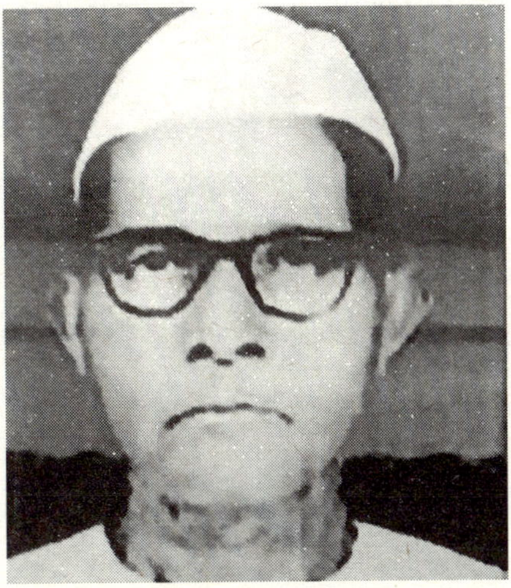

स्वतंत्रता संग्राम सेनानी
स्वर्गीय लालसा प्रसाद मिश्र (फाइल फोटो)

रक्शा गाँव निवासी लालसा प्रसाद मिश्र के नेतृत्व में गाँव के युवाओं ने वर्ष 1930 में अंग्रेजी शासन के मुख्य स्तंभ रहे राजा चंगेरा के खिलाफ बिगुल फूँका था। लालसा प्रसाद मिश्र के बुलावे पर राजा चंगेरा को ठिकाने लगाने के लिए चंद्रशेखर आजाद भी बाँसी आए थे, पर मुखबिरी के कारण मिशन पूरा नहीं हुआ और वे वापस चले गए। अंग्रेजी शासन ने आंदोलन का नेतृत्व कर रहे लालसा प्रसाद

मिश्र को गिरफ्तार कर नैनी सेंट्रल जेल भेज दिया। इस बीच पूरे गाँव को आग लगा दी। जेल में रहने के दौरान ही स्वर्गीय लालसा प्रसाद मिश्र के इकलौते बेटे की मौत भी हो गई। लेकिन उससे डिगे नहीं। लालता प्रसाद मिश्र ने 14 वर्ष की उम्र से ही आजादी आंदोलन में अपनी सहभागिता करनी शुरू कर दी थी। उनके पहली बार जेल जाने के बाद उनके छोटे भाई श्यामलाल मिश्र और वंशराज मिश्र ने लड़ाई का नेतृत्व शुरू किया। वर्ष 1941 में गोरखपुर जिले के डोहरिया गाँव में पंडित लालसा प्रसाद मिश्र के नेतृत्व में गाँव के युवाओं ने ट्रेन लूट ली। इस घटना के बाद अंग्रेजों ने पंडित लालसा प्रसाद को जिंदा अथवा मुर्दा पकड़ने का फरमान जारी कर दिया था। वर्ष 1942 में लालसा प्रसाद फिर पकड़े गए और छह माह की कैद के साथ ही सौ रुपये का जुर्माना उनके ऊपर लगा, लेकिन उनके जेल जाने के बाद उनके भाइयों के नेतृत्व में आंदोलन चलता रहा। यहाँ के युवा श्याम लाल मिश्र के नेतृत्व में सविनय अवज्ञा आंदोलन में शामिल हुए। उन पर भी सरकार ने छह माह की कैद और 100 रुपये का जुर्माना लगा दिया। रक्सा के मिश्र बंधुओं और अन्य युवाओं का मनोबल तोड़ने के लिए अंग्रेजों ने वर्ष 1942 में लालसा प्रसाद मिश्र को फिर से एक वर्ष के लिए जेल भेज दिया। इसी दौरान उनके भाई वंशराज मिश्र के नेतृत्व में युवाओं ने क्षेत्र में भारत छोड़ो आंदोलन का नेतृत्व किया। इसके चलते 3 दिसंबर, 1942 से जून, 1943 तक ये जेल में बंद रहे। उनके बंद रहने के बाद चौथे भाई द्विजेंद्र मिश्र ने क्षेत्र में व्यक्तिगत सत्याग्रह किया, इस कारण उन्हें 25 रुपये जुर्माने के साथ तीन माह की कैद मिली थी। बार-बार जेल और जुर्माने के बाद भी मिश्र बंधुओं और गाँव के युवाओं के हौसले नहीं टूटे। अंग्रेजों ने लालसा प्रसाद को 10 अगस्त, 1942 से 19 नवंबर, 1944 तक नजरबंद रखा। जब 15 अगस्त को देश आजाद हुआ तो पूरा रक्शा गाँव झूम उठा था।

अध्याय : 2

मगहर के स्वतंत्रता संग्राम सेनानी : रामशंकर लाल

स्वतंत्रता संग्राम आंदोलन में मगहर के रामशंकर लाल ने बढ़-चढ़कर हिस्सा लिया। 1931-46 के बीच कई बार जेल गए। 1946 से 1951 तक उत्तर प्रदेश विधान सभा के सदस्य रहे। 1952-57 तक खलीलाबाद क्षेत्र के सांसद रहे। 1957-62 तक डुमरियागंज से सांसद रहे। श्री रामशंकर लाल मगहर में गोरखपुर कमिश्नर हूवार्ड द्वारा मगहर आगमन के बाद कबीर समाधि स्थली पर खिचड़ी के मेले का आरंभ कराया। श्री रामशंकर लाल जी कई शैक्षणिक संस्थाओं के संस्थापक रहे, जिसमें जगन्नाथ प्रसाद शरण सिंह उर्फ जग्गू बाबू सचिव रहे। इन विद्यालयों में मगहर का इंटर कालेज था, जिसकी स्थापना 1954 में की गई थी। बाद में यह विद्यालय संत कबीर समाधि स्थली द्वारा संचालित किया जाने लगा। रामशंकर लाल जी ने पंचमुख पत्रिका का संपादन किया तथा 1937 में कांग्रेस कमेटी, बस्ती के जिलाध्यक्ष रहे। श्री रामशंकर लाल के भाई गनपत लाल पुत्र पटेश्वरी प्रसाद मगहर के एक अन्य स्वतंत्रता संग्राम सेनानी थे। सविनय अवज्ञा आंदोलन के दौरान इन्हें छह माह की कैद एवं 14 बेंतों की सजा सुनाई गई थी। मगहर के गोपी तुरहा एक अन्य स्वतंत्रता संग्राम सेनानी थे, जिनके बारे में बहुत कम जानकारी उपलब्ध

स्वतंत्रता संग्राम सेनानी
स्वर्गीय रामशंकर लाल

है। मगहर के ही मीर माजिद स्वतंत्रता आंदोलन के सक्रिय सदस्य रहे। रामशंकर लाल जी के पौत्र अनिल श्रीवास्तव ने बताया कि हमारे यहाँ लाल बहादुर शास्त्री, बाबा राघव दास का आना-जाना रहता था। ऐसा हमारी दादी बताती थीं। हमारी दादी अक्सर चर्चा में कहा करती थीं कि लाल बहादुर शास्त्री जी के घर भरूआ मरचा भेजा जाता था।

अध्याय : 3

कैप्टन का सिर कलम कर किया था : तहसील पर कब्जा

1857 में बाबू राम प्रताप के नेतृत्व में रणबाँकुरों ने फूँका था विरोध का बिगुल, साथियों के साथ अंग्रेजों के दाँत खट्टे किए

प्रथम स्वतंत्रता संग्राम 1857 में देश के अंदर ज्वाला धधकी, तो उसमें संत कबीर नगर जनपद (तत्कालीन बस्ती जिला) के रणबाँकुरों ने भी बढ़-चढ़कर योगदान दिया। जिले के तिलजा और बखिरा के युवा मैदान में उतरे तो अंग्रेजी हुकूमत को हिला दिया।

बखिरा के जमींदार बाबू राम प्रताप सिंह ने क्षेत्र के युवाओं की टीम के साथ अंग्रेजों के दाँत खट्टे करने का काम किया था। उन्होंने बखिरा चौकी, खलीलाबाद तहसील और थाने पर हमला कर अंग्रेजी सेना को भगाते हुए अपना कब्जा जमा लिया था। यूनियन जैक झंडे को उखाड़ फेंकते हुए खलीलाबाद को अंग्रेजी सेना से आजाद करा दिया था। इस दौरान अंग्रेजी कैप्टन जसवा का सिर कलम करते हुए उसके सिर को बरछे की नोक पर लेकर पूरे क्षेत्र में भ्रमण कर उन्होंने नौजवानों में देशभक्ति का जोश पैदा किया था। करीब छह माह तक यह क्षेत्र आजाद रहा, लेकिन बाद में अंग्रेजों ने हमला कर फिर से कब्जा जमा लिया और बाबू राम प्रताप सिंह को गिरफ्तार कर फाँसी पर चढ़ा दिया।

मेंहदावल के चौथी बार पट्टी बखिरा निवासी हरगोविन्द सिंह के बड़े पुत्र राम प्रताप सिंह के मन में बचपन से ही अंग्रेजी हुकूमत के खिलाफ रोष पनप रहा था। 1857 में मंगल पांडेय के जरिये फूँकी गई आजादी के लिए चिनगारी बखिरा तक पहुँची और राम प्रताप सिंह की अगुवाई में अंग्रेजी हुकूमत के खिलाफ जंग

छिड़ गई थी। उसी बीच 10 जून को राम प्रताप सिंह को खबर मिली कि कैप्टन जसवा अंग्रेज अफसर बखिरा में है। क्रांतिकारियों के साथ उन्होंने बखिरा चौकी पर हमला बोल दिया। यहाँ पर कैप्टन जसवा का सिर कलम करते हुए अपना परचम लहराया।

उसके बाद उसी दिन खलीलाबाद तहसील और थाने पर भी क्रांतिकारियों ने कब्जा जमा लिया। इसी के साथ क्षेत्र अंग्रेजों की दासता से मुक्त हो गया, लेकिन इसकी जानकारी जब अंग्रेजी हुकूमत को हुई, तो वे भारी लाव-लश्कर के साथ बखिरा आ पहुँचे। इसके बाद अंग्रेजी फौज से बचने के लिए बाबू राम प्रताप सिंह अपने छह छोटे भाइयों के साथ नेपाल जाकर वहाँ से ही क्रांतिकारियों का नेतृत्व करते रहे।

उन्हें न पकड़ पाने से खफा अंग्रेजी सेना ने उनके घर को बारूदी सुरंग से उड़ा दिया था। बाद में गद्दारों की मुखबिरी से बाबू राम प्रताप सिंह गिरफ्तार हो गए। अंग्रेजी सेना ने फिर से कब्जा जमा लिया। बाद में बाबू साहब को फाँसी पर लटका दिया गया।

अध्याय : 4

वर्ष 1946 में नेहरू ने किया था जार्ज पंचम को नीलाम

आजादी मिलने के मात्र 18 माह पहले पं. जवाहरलाल नेहरू ने जार्ज पंचम के चित्र वाले पाँच रुपये के नोट को 2500 रुपये में नीलाम किया था और अंतिम बोली लगाई थी मेंहदावल के मरहूम सेठ गब्बू लाल गुप्ता ने। नीलामी पड़ाव बाग में हुई थी। नीलामी प्रतीक रूप में जार्ज पंचम को दास बनाने के लिए की गई थी।

सन् 1942 के बाद से अंग्रेजों भारत छोड़ो का जुनून भारतवासियों के दिलो-दिमाग पर सवार था। देशवासियों में अंग्रेजी शासन विरोधी लहर पैदा करने के लिए देश के बड़े-बड़े नेता भ्रमण कर आजादी का बिगुल फूँक रहे थे। पं. जवाहरलाल

नेहरू भी इसी मिशन पर निकले थे। वह जब मेंहदावल गए तो उन्हें सुनने के लिए भारी भीड़ एकत्र होने लगी। यहाँ के सेनानियों और देश-प्रेमियों को नेतृत्व प्रदान करने के लिए अहिया एवं नवदरी ग्रामों के बीच स्थित पड़ाव बाग में एकत्र जनसमुदाय को संबोधित करते हुए पं. जवाहरलाल नेहरू ने कहा था कि अंग्रेजी सरकार का पतन प्रारंभ हो चुका है। उन्होंने जनसभा के बाद घोषणा की थी कि पाँच रुपये के नोट, पंचम की तसवीर को सांकेतिक रूप से जार्ज पंचम को जो भी व्यक्ति चाहे, इस नोट को नीलामी में दास बना ले। उनकी इस घोषणा से देशप्रेमियों का सर गर्व से ऊँचा हो गया था और बोली बोलनेवालों में होड़ लग गई। नीलामी में एक दर्जन लोग शामिल हुए थे। 5 रुपये के नोट की पहली बोली 201 रुपये की लगी तो सेठ गब्बू लाल गुप्त से नहीं रहा गया। उन्होंने 2500 रुपये लगा दी। बोली समाप्त हो गई और पं. नेहरू ने 5 नंबर एल 28 131910 पर अपना हस्ताक्षर कर उन्हें दे दिया था। तब से यह नोट इस व्यापारी परिवार की अमानत बन गया है। इसे फ्रेम कराकर रखा। मरहूम सेठ के 5 लड़के हैं—प्रेम चंद्र गुप्त, श्याम चंद्र गुप्त, रमेश चंद्र गुप्त, प्रमोद कुमार गुप्त। इनमें सबसे बड़े हैं रमेश चंद्र गुप्त। इनकी आयु 64 वर्ष की है। श्री रमेश ने सोमवार को मेंहदावल अपने आवास पर बताया कि मरहूम पिता जी ने सभी लोगों के सामने नीलामी की घटना का उल्लेख कई बार किया था।

जब वे इस घटना का विवरण देते हैं तो पिता जी द्वारा बताई गई सभी बातें स्मृति पटल पर एकदम ताजी हो उठती हैं, रमेश जी ने बताया कि पिता जी व्यापार के साथ ही कई शिक्षण संस्थाओं की स्थापना की। 1996 में उनका निधन हो गया।

अध्याय : 5

जनपद—संत कबीर नगर की भौगोलिक एवं प्रशासनिक स्थिति

स्थिति एवं विस्तार

संत कबीर नगर पूर्वी उत्तर प्रदेश में स्थित एक जनपद है, जिसका निर्माण 05 सितंबर, 1997 में बस्ती जनपद को पुनर्गठित कर किया गया। इसका अक्षांशीय विस्तार $26^{0}.31'$ से 27^{0} उत्तर एवं देशांतरीय विस्तार $82^{0}.45'$ से $83^{0}.15'$ पूर्व में है। जनपद का कुल क्षेत्रफल 1646 वर्ग किमी. है, जो संपूर्ण उत्तर प्रदेश का 0.68 प्रतिशत है। क्षेत्र विस्तार के अंतर्गत ग्रामीण एवं नगरीय क्षेत्र का वितरण क्रमशः 1626.99 एवं 19.01 वर्ग किमी. है। जनपद की उत्तर-दक्षिण में लंबाई 71 किमी. एवं पूर्व-पश्चिम में चौड़ाई 30 किमी. है। संत कबीर नगर जनपद के विशिष्ट भौगोलिक स्वरूप के निर्धारण में क्षेत्र के उत्तर में प्रवाहित राप्ती नदी एवं दक्षिण में सरयू (घाघरा) नदी का महत्त्वपूर्ण योगदान है। इसके पश्चिम में बस्ती, उत्तर में सिद्धार्थनगर, पूर्व में गोरखपुर एवं दक्षिण में आंबेडकरनगर जनपद स्थित है। यहाँ प्रवाहित मुख्य नदियों के अंतर्गत घाघरा एवं सहायक नदियों में राप्ती, आमी, कुआनो, कठिनइया आदि नदियों का प्रवाह क्षेत्र है।

ऐतिहासिक पृष्ठभूमि

उत्तर प्रदेश के पूर्वी भाग में स्थित संत कबीर नगर जनपद का वर्तमान परिक्षेत्र प्राचीन समय में कोशल राज्य का प्रमुख भाग था। इसके साथ ही जनपद का वर्तमान क्षेत्र आर्य सभ्यता का प्रमुख केंद्र था। प्रारंभ में यह जनपद उत्तर में स्थित

हिमालय, दक्षिण में संदिया नदी, पश्चिम में पांचाल देश तथा पूर्व में मगध राज्य से घिरा हुआ था। इस जनपद विशेष के संबंध में अनेक किंवदंतियाँ प्रचलित हैं। जनपद के बघौली विकास खंड में स्थित कोपिया ग्राम में प्रसिद्ध कोपेश्वर मंदिर है। जनश्रुति के अनुसार महात्मा बुद्ध ने सर्वप्रथम इसी स्थान पर पीपल के वृक्ष के नीचे अपने बाल उतरवाकर संन्यास ग्रहण किया था। इसके अतिरिक्त यहाँ प्रसिद्ध तामेश्वरनाथ शिव मंदिर है, जहाँ शिवरात्रि के समय पूरे एक माह मेले का आयोजन होता है। साथ ही पुरातात्त्विक अवशेषों, मूर्तियों, ईंटों, मंदिरों आदि के भग्नावशेषों का पाया जाना भी अति महत्त्वपूर्ण है। 1680 में काजी खलील-उर-रहमान को गोरखपुर का चकलादार नियुक्त किया गया था। अयोध्या से एक बड़ी सेना लेकर क्षेत्रीय राजाओं को अधीन करने के लिए आगे बढ़ा। मगहर के पास वासी राज की सेनाओं को परास्त कर क्षेत्र में एक किले का निर्माण किया जो आज भी जिला मुख्यालय के समीप स्थित है जहाँ कोतवाली एवं समय माता का स्थान है वहीं काजी खलील-उर-रहमान के किले के ध्वंसावशेष के रूप में विद्यमान है। उसने अयोध्या से गोरखपुर तक सड़क का निर्माण कराया जो वर्तमान में राजमार्ग के रूप में आज भी स्थित है। मगहर से खलीलाबाद तक एक सुरंग का भी निर्माण खलील-उर-रहमान द्वारा कराया गया था। सुरंग के संबंध में मगहर स्थित इदगाह मारण मस्जिद परिसर के बीच एक तहखाने में द्वार से सुरंग जैसी एक आकृति आज भी दिखाई देती है जो खलीलाबाद स्थित किले में निकलती है जो कोतवाली परिसर में निकलती है। इंटेक इंडिया के गोरखपुर चैप्टर के विशेषज्ञों द्वारा कुछ वर्ष पूर्व संत कबीर की समाधि स्थली एवं इस सुरंग के जीर्णोद्धार के संबंध में एक प्रारंभिक सर्वेक्षण कराया गया था। इस सर्वेक्षण टीम का सदस्य मैं भी था। उस समय प्रस्ताव उत्तर प्रदेश शासन को प्रेषित किया गया था किंतु कार्य आगे नहीं बढ़ सका। जिले के ऐतिहासिक धरोहर के रूप में आज भी उपलब्ध है। सांस्कृतिक धरोहर के रूप में सुरंग के जीर्णोद्धार के लिए जनपद के बुद्धिजीवी शिवकुमार गुप्ता, वेदप्रकाश चौबे, नासीर अली, सुभाष शुक्ला बराबर चर्चा करते रहते हैं। इस स्थान को मुगल शासक खलीलुर्रहमान ने बसाया था, फलस्वरूप उसी के नाम के आधार पर इसका नाम खलीलाबाद पड़ गया। वर्तमान समय में इस जनपद का नाम सूफी संत कबीर दास के नाम पर संत कबीर नगर रखा गया है। वस्तुतः इस नामकरण के विषय में भी एक अन्य तथ्य प्रचलित है। जनश्रुति के अनुसार 15वीं शताब्दी के प्रसिद्ध कवि, दार्शनिक, समाज-सुधारक, संत कबीरदास

जी ने इस जनपद के मगहर नामक स्थान पर आकर अपना अंतिम समय बिताया तथा कालांतर में इस सूफी संत की मृत्यु मगहर नामक स्थान पर हुई।

क्या काशी क्या उसर मगहर।
जो पै हृदय राम बसि मोरा॥
जो काशी तन तजै शरीरा।
रामहिं कौन निहोरा॥

इसी स्थान पर आमी नदी बहती है एवं यहीं पर इनकी समाधि भी बनी हुई है, जो संत कबीर नगर मुख्यालय से 8 किमी. की दूरी पर है। यह स्थल मुख्यतः हिंदू एवं मुस्लिम लोगों की सद्भावना का प्रतीक है—

हिंदू कहू तो हू नहीं, मुसलमान भी नाही।
पाँच तत्त्व का पुतला गैवे खलही माही॥

जनपद का नामकरण इन्हीं तथ्यों को आधार मानकर किया गया है। यह स्थान सांप्रदायिक सौहार्द्र का संदेश पूरे देश को दे रहा है।

प्रशासनिक संगठन

प्रशासनिक संगठन के अंतर्गत जनपद संत कबीर नगर का सृजन अविभाजित जनपद बस्ती के तहसील—खलीलाबाद के 1435 ग्राम, तहसील बस्ती के 131 ग्राम एवं सिद्धार्थनगर जनपद के तहसील बॉसी के अंतर्गत साथा विकासखंड के 161 राजस्व ग्रामों को मिलाकर किया गया था। जनपद सृजन के समय यहाँ कुल तीन तहसील एवं सात विकासखंड थे। वर्ष 2001 में विकासखंडों की संख्या बढ़कर 9 हो गई है। वर्तमान समय में जनपद की प्रशासनिक संरचना के अंतर्गत कुल तीन तहसीलें, 9 विकासखंड, 85 न्याय पंचायत, 648 ग्राम पंचायत हैं। जनपद में राजस्व ग्रामों की संख्या 1727 है, जिसके अंतर्गत 145 गैर-आबाद ग्राम एवं 1582 आबाद ग्राम हैं। जनपद में कुल 8 थाने हैं, जिसमें 6 ग्रामीण क्षेत्र एवं 2 नगरीय क्षेत्र में हैं। वर्ष 2011 की जनगणना के अनुसार जनपद की कुल जनसंख्या 1706706 है। ग्रामीण एवं नगरीय क्षेत्र में जनसंख्या का वितरण क्रमशः 92097 एवं 7.03 प्रतिशत है।

इस जनपद की औसत जनसंख्या घनत्व 1037 व्यक्ति प्रति वर्ग किमी. है। इसके साथ ही जनपद में प्रति हजार पुरुषों पर स्त्रियों की संख्या 973 है। अध्ययन क्षेत्र में कुल 66.68 प्रतिशत साक्षरता है।

भौतिक बनावट

संरचनात्मक भू-स्वरूप भौगोलिक अध्ययन के अंतर्गत जनपद को एक विशिष्ट स्वरूप प्रदान करती है। अध्ययन क्षेत्र मध्य गंगा से संबंधित होने के कारण इसका भू-संरचनात्मक स्वरूप उत्तर के विशाल मैदान की संरचना एवं उत्पत्ति से संबंधित है। प्रारंभ में यह भू-भाग एक जलोढ़ पूरित गर्त के रूप में था, जो हिमालय पर्वत से निकलनेवाली सतत प्रवाहित नदियों के अपरदनात्मक प्रक्रिया के फलस्वरूप होनेवाले जलोढ़ जमावों के दीर्घकालिक प्रक्रिया से निर्मित हुई है। यद्यपि इस जलोढ़ से निर्मित मैदान की गहराई के विषय में अनेक मत प्रचलित हैं जो प्लीस्टोसीन युग से प्रारंभ होकर वर्तमान समय तक चल रहे हैं।

ब्रिटिश विद्वान ओल्डहम ने मध्य गंगा मैदान के जलोढ़ की मोटाई के विषय में विशिष्ट तथ्य प्रस्तुत किए।[1] इनके अनुसार उत्तरी भाग की औसत मोटाई 4500 मीटर से 6100 मीटर एवं दक्षिण में प्रायद्वीपीय पठार के समीप 3000 मीटर है। जनपद का यह भू-भाग मध्य गंगा मैदान के गोरखपुर-रक्सौल-मोतिहारी द्रोणी के अंतर्गत सम्मिलित किया गया है। यहाँ जलोढ़ की औसत मोटाई 8000 मीटर से अधिक है। नवीनतम साक्ष्यों के अनुसार जनपद का इस परिक्षेत्र में जलोढ़ की गहराई लगभग 8000 मी. है जो दक्षिण में घटकर 500 मी. तक रह जाती है। अतः स्पष्ट है कि संरचनात्मक भू-स्वरूप की दृष्टि से अध्ययन क्षेत्र में जलोढ़ निक्षेपों की मोटाई 6000 मीटर से ऊपर है तथा जनपद के उपजाऊ जलोढ़ निक्षेपों में मुख्य योगदान घाघरा एवं सहायक अन्य नदियों का है एवं इनके द्वारा निर्मित अनेक स्थान पर कई प्रकार की विषम भू-आकृतियों का निर्माण करता है, जिससे धरातलीय विषमता दृष्टिगत होती है। स्थानीय भिन्नता के अनुरूप इसे दो प्राकृतिक विभागों में विभाजित किया जा सकता है—

---

1. विद्वान ओल्डहम

1. बांगर (Banger)

इसे प्राचीन जलोढ़ भी कहा जाता है, जो अपेक्षाकृत अधिक ऊँचा एवं बाढ़ सीमा से ऊपर स्थित होता है। अर्थात यह बाढ़मुक्त क्षेत्र होता है। इसमें जलोढ़ का जमाव काफी प्राचीन है। जनपद के मध्यवर्ती भाग के उच्च क्षेत्रों में बांगर क्षेत्र का विस्तार है।

2. खादर (Khadar)

इसे नवीन जलोढ़ कहा जाता है। ये नदियों के दोनों किनारों पर एक पट्टी के रूप में स्थित हैं। सामान्यतः यह भाग सदैव बाढ़ से प्रभावित रहता है। यह जलोढ़ निक्षेपण प्रक्रिया के वर्तमान स्वरूप का प्रतिदर्श है। इसके अंतर्गत जनपद के उत्तरी भाग में स्थित खादर क्षेत्र हैं, जबकि दक्षिणी भाग में भी खादर एवं कछारी क्षेत्र का विस्तार है।

उच्चावच

अध्ययन क्षेत्र प्लीस्टोसीन युग में निर्मित मध्य गंगा का मैदान का ही समतल भू-भाग है, फलस्वरूप जनपद में समतल मैदानी क्षेत्र की दृष्टि से उच्चावच स्वरूप में विशेष साम्यता मिलती है। यद्यपि नदियों द्वारा समय-समय पर अपरदनात्मक क्रिया कर अनेक भू-स्वरूपों का निर्धारण होता रहा है। अध्ययन क्षेत्र में घाघरा का सामान्य ढाल पश्चिम से पूर्व की ओर है, जबकि राप्ती का ढाल उत्तर से पूर्व की ओर है। इसी प्रकार आमी नदी का प्रवाह ढाल उत्तर-पश्चिम से पूर्व की तरफ है। अध्ययन क्षेत्र की औसत ऊँचाई 93 मीटर है। जनपद का अधिकांश भाग मैदानी है। यद्यपि जनपद के बघौली विकासखंड में आमी नदी द्वारा निर्मित छाड़न झील के रूप में विद्यमान बखिरा झील एक विशिष्ट भू-स्वरूप है। एस.पी. चटर्जी (1965) के अनुसार नदियों में आनेवाली बाढ़ के कारण किनारा निरंतर परिवर्तित होता रहता है।[1] इसका प्रमाण क्षेत्र में प्रवाहित घाघरा, राप्ती आदि नदियों के प्रवाह क्षेत्र से स्पष्ट होता है। फलस्वरूप जनपद के दक्षिणी एवं उत्तरी भाग में भू-स्वरूप में विभिन्नता

---

1. एस.पी. चटर्जी (1965)

दिखाई पड़ती है। अध्ययन क्षेत्र का उत्तरी एवं दक्षिणी भाग अन्य भागों की अपेक्षा नीचा है, जबकि मध्यवर्ती भाग ऊँचा है। जनपद में प्रवाहित अन्य सहायक नदियों के अंतर्गत कठिनइया एवं कुआनो है जो क्षेत्र के मध्यवर्ती भाग के उच्चावच का निर्धारण करती है। इस प्रकार स्पष्ट है कि क्षेत्र मैदानी होने के कारण यहाँ उच्चावच में विषमता कम मिलती है, लेकिन नदियों के प्रवाह वाले क्षेत्र में सामान्य विषमता दृष्टिगत होती है। नदियों के प्रवाहित क्षेत्र पश्चिमी एवं दक्षिणी भाग सामान्य से नीचे हैं, जबकि मध्यवर्ती एवं पूर्वी भाग सामान्य से ऊँचा है।

अपवाह

स्थलरूप में संरचनात्मक स्वरूप, विकास तथा उच्चावच के निर्धारण में अपवाह की भूमिका महत्त्वपूर्ण होती है। किसी भी स्थान विशेष में प्रवाहित मुख्य नदी एवं सहायक अन्य नदियों के अपरदनात्मक एवं निक्षेपण प्रकृति के कारण उस क्षेत्र के भू-स्वरूप का निर्धारण होता है। इसके साथ ही अपवाह तंत्र का विकास भी कई बातें पर निर्भर करता है, जिसके अंतर्गत भूतल की संरचना, भूतल का ढाल, नदी जल की मात्रा व प्रवाह तथा आकार आदि है, जिसका प्रत्यक्ष प्रभाव अपवाह एवं तत्संबंधी स्थलाकृति पर पड़ता है। अध्ययन क्षेत्र संत कबीर नगर जनपद में अपवाह का निर्णारण उत्तर में प्रवाहित राप्ती नदी एवं दक्षिण में प्रवाहित घाघरा नदी द्वारा होता है। इसके अतिरिक्त सहायक नदियों के अंतर्गत आमी, कुआनो एवं कठिनइया नदी मंद ढाल वाली होने के कारण मंद गति से प्रवाहित होती हैं। वर्षा ऋतु में इनका स्थलाकृति के स्वरूप निर्धारण में विशेष योगदान होता है। जनपद में नदियों द्वारा निर्मित मैदानी क्षेत्र एवं बघौली विकासखंड में आमी नदी द्वारा निर्मित बखिरा झील इसका प्रत्यक्ष प्रमाण हैं, जिससे क्षेत्र के धरातलीय स्वरूप में विषमता उत्पन्न होती है।

घाघरा

यह नदी पहाड़ी क्षेत्र में करनाली एवं मैदानी क्षेत्र में घाघरा के नाम से विख्यात है। इसका उद्गम हिमालय की श्रेणियों में केंद्रित तकलाकोट के उत्तर-पश्चिम में स्थित मैपवाचुंग हिमनद से हुआ है। इसे बहराइच के बाद घाघरा एवं अयोध्या में

सरयू नाम से जाना जाता है। घाघरा नदी कौड़ियाला सरयू एवं चौका नदियों के संयुक्त रूप को कहते हैं। जनपद में यह नदी पौली विकास खंड के पश्चिमी सीमा में प्रवेश कर हैंसर बाजार के दक्षिण की ओर प्रवाहित होती हुई गोरखपुर जनपद में प्रवेश करती है। अध्ययन क्षेत्र में यह नदी 25 किमी. की दूरी तक प्रवाहित होती है। यह नदी संत कबीर नगर एवं दक्षिण स्थित आंबेडकरनगर जनपद के मध्य सीमा का भी निर्धारण करती है। प्राचीन समय से ही घाघरा नदी अपने बाढ़ के लिए विख्यात है तथा वर्षा ऋतु में इसका प्रवाह क्षेत्र अधिक बढ़ जाता है, जिससे इस समय इसकी स्थिति और भी भयंकर हो जाती है। जनपद में घाघरा के प्रवाह क्षेत्र से स्पष्ट है कि यह क्षेत्र के दक्षिण की ओर निरंतर अपरदन कर रही है, जिससे स्पष्ट है कि आगामी भू-स्वरूप के कालावधि में नदी अपने दक्षिण की ओर विस्थापित होगी।

कुआनो नदी

कुआनो नदी घाघरा की सहायक नदी है, जो बहराइच जनपद से निकलकर गोंडा जनपद के मध्य प्रवाहित होती हुई अध्ययन क्षेत्र में यह नदी सेमरियावाँ विकासखंड के पश्चिम भाग से प्रवेश कर विकासखंड नाथनगर एवं हैंसर बाजार में प्रवाहित होती हुई गोरखपुर जनपद में प्रवेश करती है। जनपद में इसका कुल प्रवाह क्षेत्र 35 किमी. है। इसकी सहायक नदियों में कठिनइया, केवनियाँ, रावी, मैनवार आदि हैं। इसके द्वारा निर्मित होनेवाले स्थान-स्थान पर अवनमनकुंड के कारण इसका नाम कुआनो पड़ा है।

राप्ती नदी

अध्ययन क्षेत्र की दूसरी महत्त्वपूर्ण नदी राप्ती है। इसका उद्गम स्थल नेपाल का पहाड़ी क्षेत्र है। राप्ती नदी की अन्य सहायक नदियों में मलाँव नाला, बेचला नाला, रेयाँव तथा बलिया नदियाँ रोहिन में मिलकर इस अपवाह तंत्र को विस्तृत बना देती हैं। प्रवाह क्षेत्र के अंतर्गत यह बहराइच जनपद में 130 किमी. प्रवाहित होती है। जनपद में यह मेंहदावल विकासखंड के उत्तर की तरफ से प्रवेश कर पूर्व की ओर प्रवाहित होती हुई गोरखपुर जनपद में प्रवेश करती है।

आमी नदी

आमी नदी राप्ती की सहायक नदी है। जनपद के उत्तरी भाग से प्रवेश कर यह सांथा, बेलहरकला, बघौली एवं खलीलाबाद विकासखंड में प्रवाहित होती हुई गोरखपुर जनपद में प्रवेश करती है। यह नदी संत कबीर नगर जनपद के सर्वाधिक विकासखंडों के क्षेत्र से होकर प्रवाहित होती है जो आगे चलकर गोरखपुर जनपद में प्रवेश कर राप्ती नदी में मिल जाती है।

ताल एवं छाड़न झीलें

सामान्यत: मैदानी क्षेत्र में प्रवाहित होनेवाली नदियों के मार्ग परिवर्तन से अनेक प्रकार की स्थलाकृतियों का जन्म होता है, जिसमें छाड़न झीलों का स्थान महत्त्वपूर्ण है। बघौली विकासखंड में स्थित बखिरा झील इस प्रकार के स्थलाकृतियों की दृष्टि से महत्त्वपूर्ण है। इस झील की लंबाई 8 किमी., चौड़ाई 3 किमी. एवं गहराई 2 मीटर है। यह पूर्वी उत्तर प्रदेश में स्थित अत्यंत महत्त्वपूर्ण झील है। यह झील आमी नदी द्वारा निर्मित स्थलाकृति के अंतर्गत है। शीत ऋतु में यह झील प्रवासी पक्षियों का आश्रय स्थल भी है। प्रवासी पक्षियों में ग्रे लैग गूज, लार्ज पाइड वैगटेल, पाइड किंगफिशर, ग्रीन रीडपाइपर, ग्रीनशेंक, कामन सैडपाइपर, उड स्पोटेड सैडपाइपर, स्पाटेड रेड शैंक, रेड शैंक, ब्राहमिनी डक, विजियन, पिन टेल, गार्गनी, शॉवलर, रेड क्रेस्टेड पोचर्ड, कामन पोचर्ड, टफटेड पोचर्ड, येलो वैगटेल, येलो हेडेड वैगटेल, कूट, सुर्खाब, स्पाटेड ईगल, मार्श हैरियर, टॉनी ईगल, गडवाल आदि। इसके अलावा कांब डक, ह्विस्लिंग टील, स्पाटबिल, सारस क्रेन, ग्रे हेरान, परपिल हेरान, पांड हेरोंन, कैटिल इग्रेट, लार्ज इग्रेट, स्माल इग्रेट, पेंटेड स्टार्क, ओपेन बिल स्टार्क, ह्वाइट नेक्ड स्टार्क, ब्लैक नेक्ड स्टार्क, ह्वाइट आइबिस, ब्लैक आइबिस, ग्लासी आइबिस, स्पूनबिल, बारहेडेड गूज, परीहा काइट, ब्राहमिनी काइट, ग्रे पार्टिज, मोर इंडियन मूरहेन, परपिल, मूरहेन, रेड वैटिल्ड लापविंग, पाइड किंगफिशर, कामन किंगफिसर, इंडियन रोलर, ब्लैक डागों, ब्राहमिनी मैना, कामन मैना, फिशिंग ईमल, कौवा, लिटिल ग्रीब, फीजेंट टेल्ड जकना, लिटिल ग्री हेरॉन, ब्रांज बिंग्ड जकना आदि स्थानीय पक्षी में आते हैं। इसके अतिरिक्त जनपद में यह झील पर्यटन की दृष्टि से भी महत्त्वपूर्ण है।

वर्ष 1990 में केंद्र सरकार द्वारा बखिरा की झील को, मोती झील को पंक्षी विहार के रूप में घोषित किया गया। उपर्युक्त विवेचन से स्पष्ट है कि यह झील अपनी ऐतिहासिकता एवं भौगोलिक स्थिति के कारण जनपद ही नहीं, वरन पूर्वांचल की विरासत में महत्त्वपूर्ण स्थान रखती है।

इसके अतिरिक्त जनपद संत कबीर नगर में कुछ और झीलों एवं तालाब प्राकृतिक रूप से निर्मित हुए हैं एवं उनका अपना महत्त्व है। ऐसी ही एक झील मेंहदावल तहसील के समीप स्थित ढढ़वा ताल है। इसके संबंध में स्थानीय लोगों का मत है कि सरयू कभी यहीं से होकर प्रवाहित होती थी किंतु भौगोलिक परिवर्तनों के परिणामस्वरूप यहाँ से दूर चली गई। यह तालाब काफी बड़े क्षेत्र में फैला हुआ है एवं यहाँ प्राकृतिक रूप से कमल बहुतायत में पाए जाते हैं। इस झील में विदेशी पक्षियों का भी प्रवास स्थान है। इस तालाब को पर्यटन की दृष्टि से विकसित किया जा सकता है। यहाँ सारस पक्षियों के जोड़ों को बहुतायत देखा जा सकता है। एक अन्य प्राकृतिक तालाब भुजैनी के समीप लहरादेवा में बहुरटिया माता स्थान के पास स्थित है। ताल के समीप स्थित झीलें पर राज्य पुरातत्त्व विभाग द्वारा विस्तृत ऐतिहासिक अध्ययन कर धान की खेती के संबंध में महत्त्वपूर्ण अध्ययन किया गया। किंतु ताल को सुरक्षित करने का प्रयास किया जाना चाहिए। यह तालाब आसपास के कई गाँवों के वर्षा जल का एक प्राकृतिक स्थान है जिसमें कई कवलगट्टा इत्यादि वनस्पतियाँ पाई जाती हैं। इस ताल को संरक्षित करने की आवश्यकता है।

जलवायविक विशेषताएँ

मध्य गंगा मैदान में केंद्रित एवं तत्संबंधी विशेषताओं के कारण संत कबीर नगर की जलवायु मानसूनी है। क्षेत्र की जलवायु पर हिमालय की अवस्थिति का प्रभाव स्पष्ट रूप से दृष्टिगत होता है। यहाँ ग्रीष्म, वर्षा, शीत एवं शरद ऋतु की मौसमी विशेषताएँ मिलती हैं। अध्ययन क्षेत्र की स्थिति शुष्क पश्चिमी उत्तर प्रदेश एवं आर्द्रतर पश्चिमी बंगाल के मध्य संक्रमण जलवायु पेटी के मध्य स्थित है, जिसका प्रभाव जनपद की जलवायविक विशेषताओं पर भी पड़ता है। जनपद का औसत वार्षिक तापमान 25.45^0 सेल्सियस पाया जाता है, जबकि औसत वार्षिक तापान्तर 12.6^0 सेल्सियस है। वर्ष का सर्वाधिक तापांतर दिसंबर माह में 19.6^0 सेल्सियस पाया

जाता है। पश्चिम एवं पूर्व में कोई धरातलीय अवरोध न होने के कारण यहाँ ग्रीष्म ऋतु में धूलयुक्त तप्त आँधियाँ चलती हैं।

सामान्यत: जनपद के जलवायविक विशेषताओं को ध्यान में रखकर वर्ष को चार स्पष्ट ऋतुओं में विभाजित किया जा सकता है—

1. ग्रीष्म ऋतु

मध्य मार्च से मध्य जून की अवधि ग्रीष्म ऋतु की होती है। वर्ष 2013-14 के जलवायविक विशेषताओं के अंतर्गत अध्ययन क्षेत्र में इस ऋतु का न्यूनतम तापमान 25^0 सेल्सियस एवं अधिकतम तापमान 39.8^0 सेल्सियस पाया जाता है। मई का महीना सर्वाधिक गर्म महीना होता है। अध्ययन क्षेत्र में इस समय न्यून वायुदाव के कारण उत्तर भारत में चलनेवाली पछुआ पवनों का निरंतर प्रभाव बना रहता है, जिससे ग्रीष्म ऋतु में गर्मी का प्रकोप उच्च स्तर पर रहता है। इस समय क्षेत्र में हवाओं की गति 2-7 किमी. प्रति घंटा होती है। मध्य जून के बाद पूर्वी हवाओं के कारण तापमान में ह्रास होना प्रारंभ हो जाता है।

2. वर्षा ऋतु

जनपद में दक्षिणी-पश्चिमी मानसून के आगमन के साथ ही वायुमंडल में आर्द्रता बढ़ जाती है एवं आर्द्रता की यह मात्रा लगभग 70 प्रतिशत तक हो जाता है। वर्षा ऋतु की अवधि मध्य जून से मध्य सितंबर तक होता है। वर्ष 2013-14 में अध्ययन क्षेत्र में औसत सामान्य वार्षिक वर्षा 1166 मिली. एवं वास्तविक वर्षा 1297.44 मिमी. हुई है। वर्षा ऋतु में सर्वाधिक आर्द्रता अगस्त में 88 प्रतिशत तथा सबसे कम जून में 75 प्रतिशत होता है। उत्तर भारत तथा जनपद में संपूर्ण वर्षा का 80 प्रतिशत दक्षिण-पश्चिम मानसून से जून से सितंबर तक एवं 20 प्रतिशत वर्षा अन्य माह में होता है, फलस्वरूप अध्ययन क्षेत्र कृषि प्रधान अर्थव्यवस्था पर आधारित होने के कारण इस ऋतु का कृषि-कार्य को दृष्टि से अधिक महत्त्वपूर्ण होता है। भारत में वर्षा का वितरण पूरे सूर्य वर्ष के 27 नक्षत्रों में आंकलित किया गया है। जून से अक्टूबर तक के नक्षत्र को महानक्षत्र कहते हैं। छठा नक्षत्र आर्द्रा और तेरहवाँ हस्त नक्षत्र वर्षा के लिए अति विशिष्ट है, जिसमें कृषि-कार्य को विशेष प्रधानता दी जाती है। आर्द्रा और हस्त के

मध्य क्रमशः पुनर्वसु, पुष्य, आश्लेषा, मघा, पूर्वा फाल्गुनी, उत्तरा फाल्गुनी, हस्त, चित्रा, स्वाती एवं उत्तरा नक्षत्र में भी वर्षा होती है।

शीत ऋतु

शीत ऋतु की अवधि मध्य सितंबर से लेकर मध्य जनवरी तक होती है। यद्यपि शीत ऋतु के प्रारंभ में अक्टूबर माह में दिन गर्म तथा रातें ठंडी होती हैं। जनपद में नवंबर माह से शीत ऋतु में ठंडक बढ़ जाती है। शीत ऋतु में न्यूनतम तापमान 70 सेल्सियस जनवरी माह में होता है, जबकि दिसंबर माह में न्यूनतम तापमान 10.010 सेल्सियस होता है। शीत ऋतु में पश्चिमी विक्षोभों के चलने के कारण कभी-कभी यहाँ बर्फ तथा ओलावृष्टि भी होती है। दिसंबर एवं जनवरी माह में शीत तथा कुहरे का प्रकोप बना रहता है।

शीत ऋतु के अंत में तापमान में त्रृद्धि होने लगती है, जिससे मौसम साफ एवं सुहावना हो जाता है। शरद ऋतु की अवधि मध्य जनवरी से मध्य मार्च तक होती है। इस समय का अधिकतम तापमान 210 सेल्सियस होता है, जो मध्य मार्च के आसपास होता है। गुलाबी सर्द मौसम इस ऋतु की विशेषता है।

मिट्‌टी

मिट्‌टी भू-पृष्ठ पर स्थित ढीले एवं महीन कणों से निर्मित एवं पतली परत होती है, जिसमें विभिन्न खनिजों के कण, जैविक अंश, ह्यूमस, आर्द्रता, वायु आदि संयुक्त होते हैं। मृदा का निर्माण मूलतः मौलिक शैलों के अपक्षय तथा अपरदन से प्राप्त होनेवाले पदार्थों से होता है, जिसमें जैविक अवशेषों (ह्यूमस) का मिश्रण हो जाता है। डी.एन. वाडिया (1961) के अनुसार, "मिट्‌टी नदियों द्वारा लाए गए अवसादों के दीर्घकालिक प्रक्रिया से निर्मित होती है।"[1] मिट्‌टी का निर्माण दीर्घकालिक विशिष्ट प्राकृतिक परिस्थितियों में हुआ है। प्राकृतिक संसाधनों में मृदा सबसे महत्त्वपूर्ण एवं आधारभूत संसाधन है। काशीनाथ एवं जगदीश प्रसाद सिंह (2000) के अनुसार, "जैव सूची स्तंभ में शीर्ष पर मानव, तत्पश्चात पशु, पशु के नीचे पौधे तथा पौधों के नीचे जीवाणु तथा सबसे नीचे आधार स्वरूप मृदा को प्रदर्शित करते हैं।"[2]

1. डी.एन. वाडिया (1961)
2. काशीनाथ एवं जगदीश प्रसाद सिंह (2000)

मृदा की संरचना एवं गुण-धर्म का निर्धारण मिट्टी में उपस्थित बालू, सिल्ट तथा अन्य तत्त्वों के आधार पर होता है। यद्यपि अध्ययन क्षेत्र जलोढ़ मिट्टी वाला क्षेत्र है। यहाँ घाघरा, राप्ती एवं उनकी सहायक नदियों द्वारा प्रतिवर्ष बहाकर लाए गए जलोढ़ निक्षेप वस्तुत: विस्तृत क्षेत्र पर मिलते हैं, जिसमें बालू, सिल्ट एवं मृत्तिका का अंश पाया जाता है। जनपद की मिट्टी में उपस्थित विभिन्न तत्त्व, कण एवं गठन के आधार पर मिट्टी को तीन वर्गों में विभाजित किया गया है—

1. दोमट मिट्टी

इस प्रकार की मिट्टी में बलुई एवं चिकनी मिट्टी का अनुपात लगभग समान होता है। इसमें 43 प्रतिशत जलोढ़ मिट्टी, 13 प्रतिशत बलुई मिट्टी एवं अन्य जैविक पदार्थ मिले होते हैं। जनपद के सेमरियावाँ, मेंहदावल विकासखंड के मध्यवर्ती भाग एवं खलीलाबाद विकासखंड के मध्यवर्ती व उत्तरी भाग पर दोमट मिट्टी का विस्तार है। इस प्रकार की मिट्टी में धान, गेहूँ, मक्का, चना, अरहर, मसूर, सरसों आदि फसलों का उत्पादन किया जाता है।

2. चिकनी दोमट मिट्टी

नदियों द्वारा छोड़ी गई मिट्टी इसके अंतर्गत सम्मिलित है। इसे स्थानीय भाषा में भाट कहते हैं। जनपद में इस प्रकार के मिट्टी का विस्तार पौली, हैंसर बाजार विकासखंड के मध्यवर्ती भाग, सेमरियावाँ के पश्चिमी व मध्य भाग तथा बघौली विकासखंड के मध्यवर्ती भाग में मिलता है। इस मिट्टी में जल धारण की क्षमता अधिक होने के कारण इसमें सिंचाई की आवश्यकता कम होती है। इस प्रकार की मिट्टी में धान, गेहूँ, गन्ना आदि की कृषि की जाती है।

3. बलुई मिट्टी

यह मिट्टी मुख्यत: नदियों के किनारे वाले क्षेत्र में मिलती है, जिसमें बालू की मात्रा की अधिकता होती है। इस प्रकार की मिट्टी का विस्तार जनपद के दक्षिणी भाग में सर्वाधिक है। पौली एवं हैंसर बाजार विकासखंड के दक्षिणी भाग, सांथा, मेंहदावल विकासखंड के उत्तरी भाग, नाथनगर के मध्यवर्ती भाग एवं सेमरियावाँ

के पश्चिम भाग में बलुई मिट्टी की अधिकता है, जिसका मुख्य कारण जनपद के उत्तर में राप्ती एवं उत्तर-पश्चिम में आमी दक्षिणी क्षेत्र में घाघरा नदी का प्रवाह क्षेत्र का होना है। इस प्रकार की मिट्टी में खरबूजा, तरबूज एवं सब्जियों का उत्पादन किया जाता है।

वनस्पति

संत कबीर नगर जनपद में विस्तृत क्षेत्र पर वन क्षेत्रों का अभाव है हैंसर सेंकचुरी दक्षिण, परंतु यहाँ साल, सागौन आदि के वृक्ष बहुतायत में पाए जाते थे। वर्तमान समय में बढ़ती हुई जनसंख्या का दबाव, कृषि-भूमि का विस्तार तथा अन्य विभिन्न प्रकार के आर्थिक क्रियाकलापों की प्रधानता आदि कारणों के साथ-साथ मानव की प्रकृति के प्रति उदासीनता के कारण धीरे-धीरे मनुष्य वनस्पति आच्छादित इन क्षेत्रों को समाप्त कर दिया है। अध्ययन क्षेत्र में वन क्षेत्र का सर्वाधिक विस्तार पश्चिम भाग में है, जबकि उत्तर से दक्षिण की तरफ वन क्षेत्रों में निरंतर ह्रास होता जा रहा है। घाघरा नदी के उत्तर में स्थित पौली विकासखंड में वन क्षेत्रों का पूर्णतः अभाव मिलता है, केवल कुछ कँटीले वृक्ष जैसे—बाँस, बबूल, पाकड़ तथा अन्य झाड़ी वाले वृक्ष मिलते हैं।

वर्तमान समय में संत कबीर नगर जनपद के समस्त प्रतिवेदित क्षेत्र में 0.27 प्रतिशत क्षेत्र पर वन भू-क्षेत्र पाए जाते हैं, जो आवश्यकता से बहुत कम हैं। विकासखंड स्तर पर वन भू-क्षेत्र का सर्वाधिक विस्तार उत्तर में स्थित सांथा विकासखंड में है, जबकि पौली विकासखंड में वन आच्छादित क्षेत्र का पूर्णतः अभाव है। वृक्ष उपलब्धता की दृष्टि से यहाँ पर शीशम, साल, सागौन, पीपल, बरगद, यूकेलिप्टस, आम, जामुन, इमली, फलदार एवं छायादार महुवा आदि के वृक्ष पाए जाते हैं।

वन्य जीव

जनपद संत कबीर नगर में वन्य जीवों की उपलब्धता की दृष्टि से विशेष उल्लेखनीय नहीं है, जिसका मुख्य कारण सांस्कृतिक भू-दृश्य का प्राकृतिक भू-दृश्य पर प्रत्यारोपण है। बढ़ती हुई जनसंख्या की आवश्यकता पूर्ति हेतु आवास एवं कृषि भूमि में निरंतर वृद्धि का वन्य पशुओं के आवास पर प्रतिकूल प्रभाव पड़ा है, जिसके कारण जीव-

जंतु के लिए उत्पन्न इस विषम परिस्थिति ने विभिन्न जीव की प्रजातियों को विलुप्त कर दिया है। वन्य जीवों के अंतर्गत लोमड़ी, मोर, सियार आदि घाघरा नदी के निचले क्षेत्र में मिलते हैं। यहाँ अधिक संख्या में बंदर पाए जाते हैं। नदी के तटवर्ती क्षेत्रों में नीलगाय बहुतायत से मिलती हैं।

जनपद पक्षियों के वितरण की दृष्टि से अति विशिष्ट है। इस क्षेत्र के बघौली विकासखंड में स्थित बखिरा झील पर प्रतिवर्ष प्रवासी पक्षियों का आगमन होता है, जिसमें Goose, Red Pochered Duck, Common Teal आदि मुख्य हैं। इसके अतिरिक्त यहाँ कबूतर, सारस, तोता, हंस, कौआ आदि पक्षी भी मिलते हैं।

अध्याय : 6

संत कबीर नगर की ऐतिहासिक विरासत : लहुरादेवा

संत कबीर नगर जिले के अंतर्गत गोरखपुर-बस्ती मोटर मार्ग पर स्थित भुजैनी नामक स्थान से 5 किमी. की दूरी पर दक्षिण-पश्चिम में विनशन झील से तीन ओर से घिरा हुआ लहुरादेवा का एक प्राचीन टीला अवस्थित है। लहुरादेवा गाँव के पश्चिमी दिशा में स्थित है। इस प्राचीन टीले का उत्खनन कार्य उत्तर प्रदेश राज्य पुरातत्त्व विभाग, लखनऊ द्वारा वर्ष 2001-02, 2002-03, 2003-04 एवं 2005-06 में कुल 4 सत्रों में संपादित कराया गया। उत्खनन कार्य के परिणामस्वरूप यहाँ से 5 कालों की सांस्कृतिक जमाव प्रकाश में आए हैं, जिन्हें साक्ष्यों के आधार पर निम्नवत् परिभाषित किया गया है—

प्रथम काल	:	पूर्व कृषि काल
1A&1B		7000 ई.पू. से 4000 ई.पू. तक
द्वितीय काल	:	विकसित कृषि काल
तृतीय काल	:	उन्नत कृषि/लौह काल
चतुर्थ काल	:	उत्तरी कृष्णमार्जित मृदभांड काल (N.B.P.W. Period)
पंचम काल	:	शुंग/कुषाण काल

प्रथम काल

इस काल के सांस्कृतिक जमावों तथा रेडियो कार्बन डेटिंग के आधार पर दो उपकालों (प्रथम-ए तथा प्रथम-बी) में विभक्त किया गया है। प्रथम-ए काल के सांस्कृतिक

जमाव लगभग 68 सेमी. मोटा है तथा लेयर नं. (14) के साथ प्राप्त होता है। इस काल के जमाव से मुख्य रूप से लाल रंग के पात्र तथा कृष्ण-लोहित पात्र (ब्लैक एंड रेड वेयर) प्राप्त होते हैं। ये हाथ से तथा धीमे चाक पर निर्मित किए गए हैं। इनमें डोरी की छाप वाले पात्रों की प्रमुखता है। कुछ पात्रों के बाहरी हिस्से को लाल रंग से लेपित किया गया है। पात्रों में मुख्य रूप से जलपात्र एवं सकोरों का मिलना उल्लेखनीय है। ट्रेंच नं. वाईए-2 क्वा. I & IV तथा वाई ए-1 क्वा. I में प्रथम ए काल के लोगों द्वारा निर्मित नाली को प्रकाश में लाया गया, जो 30-50 सेमी. चौड़ी तथा 50-60 सेमी. गहरी थी। उक्त नाली (चैनल) का बहाव उत्तर से दक्षिण दिशा की तरफ रहा होगा। उक्त के अतिरिक्त कोयले के टुकड़े, वनस्पतियों के चिह्न से युक्त मिट्टी के टुकड़े, स्टेटाइट मनके, पत्थर (कारनेलियन) का मनका, पत्थर के टुकड़े, कटे तथा बिना कटी हड्डियों के टुकड़े, पुरावानस्पतिक अवशेष प्रमुख हैं। उक्त सांस्कृतिक अवशेष तत्कालीन मानव के आवास, रहन-सहन तथा खान-पान के संबंध में जानकारी उपलब्ध कराते हैं। इस काल को ए.एम.एस. रेडियो कार्बन डेट्स के आधार पर 7 हजार ई.पू. से 4 हजार ई.पू. के मध्य रखा जा सकता है।

प्रथम बी : काल का जमाव लगभग 50 सेमी. मोटा है। इस काल के सांस्कृतिक जमाव लेयर नं. 11, 12 से प्राप्त हुए हैं। इस काल के जमावों को जौ की प्राप्ति एवं डिश/बाउल आन स्टैंड पात्रों के आधार पर अलग काल माना गया। इस काल के जमाव से हाथ से तथा चाक से बने हुए लाल रंग के पात्र, कृष्ण-लोहित पात्र (ब्लैक एंड रेड) तथा कुछ धूसर एवं काले रंग के पात्रों के टुकड़े प्राप्त हुए हैं। कृष्ण-लोहित पात्रों की संख्या में वृद्धि होती है। पात्रों के मुख्य प्रकारों में छेद वाले गोड़ेदार पात्र, ओपदार पात्र, टोंटी वाले पात्र, पेडस्टल बाउल, पानी वाले पात्र, डिश/बाउल-ऑन-स्टैंड आदि प्रमुख रूप से उल्लेखनीय हैं। प्रथम बी काल में ताँबे के बाणाग्र तथा मछली पकड़ने का काँटा (फिश हुक) का मिलना मुख्य रूप से उल्लेखनीय है। इन्हें 3 हजार ई.पू. में रखा जा सकता है। इस प्रकार ताँबे के उपकरणों का गंगा घाटी में मिलने का अब तक के प्राचीनतम उदाहरणों में से एक है। उक्त उपकरणों के मिलने के आधार पर इस काल के लोगों का संपर्क हड़प्पा, लोथल, बनावली आदि संस्कृतियों के साथ रहा होगा, ऐसा प्रतीत होता है।

उक्त के अतिरिक्त प्रथम-बी काल के सांस्कृतिक जमावों से मिट्टी के मनके तथा गोलियाँ, अस्थि-बाणाग्र, स्टेटाइट के गोल चपटे मनके, कटी तथा बिना कटी हड्डियों के टुकड़े प्रचुर मात्रा में वानस्पतिक चिह्नों से युक्त जली हुई मिट्टी के

टुकड़े, कोयले के टुकड़े, वानस्पतिक अवशेष, पोस्टहोल आदि प्राप्त हुए हैं, जिनसे उस समय के मानव के रहन-सहन, आवास, भोजन आदि के संबंध में सहज अनुमान लगाया जा सकता है। कार्बन डेट्स के आधार पर इस काल को 3000 ई.पू. से 2000 ई.पू. के मध्य रखा जा सकता है।

द्वितीय काल

इस काल के सांस्कृतिक जमावों को काले लेपित पात्रों (सादे/चित्रित) के आधार पर अलग किया गया है। इस काल के जमाव सभी ट्रेंचो (खंतियों) में प्राप्त होते हैं जो लगभग 1.50 मीटर मोटा है। इस काल के जमावों में लाल रंग के पात्र (सादे/चित्रित), कृष्ण-लोहित पात्र (सादे/चित्रित), काले पात्र, धूसर पात्र प्रमुख रूप से मिलते हैं। गोटेदार पात्र, डिश/बाउल-आन-स्टैंड की संख्या में बढ़ोत्तरी होती है। इस काल की सबसे प्रमुख विशेषता जमीन को काटकर कोठारों का निर्माण किया जाना है। इस प्रकार के कोठारों की संख्या 45 के करीब है, जिनमें से कुछ प्लास्टरयुक्त तथा कुछ बिना प्लास्टर के हैं। इसके उत्खनन से आठ अदद कोठार प्राप्त हुए हैं। उक्त के अतिरिक्त ताम्र उपकरण, पत्थर के उपकरण एवं मनके, मिट्टी के मनके एवं स्टिएटाइट डिस्क बीड, अस्थि बाणाग्र, अस्थि उपकरण, हिरन की सींग एवं उससे निर्मित उपकरण, वानस्पतिक अवयव, मिट्टी को कूटकर तैयार की गई फर्श तथा 'पोस्टहोल' चूल्हे, मिट्टी के टुकड़े (जिन पर वनस्पतियों के निशान हैं) आदि इस काल के मानव के रहन-सहन, खान-पान, आवास आदि के संबंध में तथा उनकी सांस्कृतिक एवं आर्थिक समृद्धि का आभास कराते हैं।

तृतीय काल

इस काल में अवशेषों का जमाव लगभग 80 सेमी. मोटा है। इस काल के जमाव को लौह उपकरणों से प्राप्त होने के आधार पर निर्धारित किया गया है। मृद्भांडों के प्रकार मुख्य रूप से द्वितीय काल के पात्रों के सदृश ही हैं। इस काल के पात्र प्रकार उन्नत श्रेणी के हैं। डिश का मिलना इस काल की विशेषता है। इस काल के मानव द्वारा मिट्टी के बड़े पात्रों का निर्माण अनाज रखने हेतु किया जाने लगा था तथा जमीन को काटकर निर्मित किए जानेवाले कोठारों की परंपरा विलुप्त हो गई। लंबे

आकार के अलग-अलग दिशाओं में निर्मित चूल्हे भी प्राप्त हुए हैं, जिनके किनारे मिट्टी द्वारा निर्मित किए गए हैं। पुरावशेष पूर्व काल की भाँति ही प्राप्त होते हैं।

चतुर्थ काल

इस काल के सांस्कृतिक जमाव लगभग 60 से 70 सेमी. मोटा है। इसकी पहचान उत्तर कृष्णमार्जित मृद्भांडों (एन.बी.पी. वेयर) के आधार पर की गई है। इसके साथ लाल रंग के पात्र, काले लेपित पात्र, कृष्ण-लोहित पात्र तथा धूसर पात्र मिले हैं। इस काल के पात्र उन्नत श्रेणी के हैं। कुछ पात्रों पर चित्रकारी भी की गई है। पुरावशेषों में मिट्टी एवं पत्थर के मनके, मिट्टी के डैबर, अस्थि बाणाग्र, ताँबे एवं लोहे के उपकरण, पत्थर के उपकरण आदि प्रमुख हैं। इसके अतिरिक्त वानस्पतिक चिह्नों से युक्त मिट्टी के टुकड़े, कूटकर निर्मित मिट्टी की फर्श, पोस्टहोल, चूल्हा, कटी तथा बिना कटी हड्डियों के टुकड़े आदि इस काल के मानव के रहन-सहन, भोजन एवं आवास आदि इनकी सांस्कृतिक समृद्धि का आभास कराते हैं।

पंचम काल

इस काल का सांस्कृतिक जमाव लगभग 70 सेमी. मोटा है। इस काल की पहचान ईंटों के मिलने के आधार पर की गई है। इस काल में पक्की ईंटों का प्रयोग दीवार तथा फर्श बनाने के लिए किया जाने लगा था। यहाँ पर प्रमुख रूप से ईंटों द्वारा निर्मित दीवार के ऊपर ईंटों को काटकर पोस्टहोल निर्मित किए गए हैं। खात संख्या वाई ए-4 से ईंटों के टुकड़ों से निर्मित फर्श उत्खनन द्वारा प्रकाश में लाई गई है। पात्रों में केवल लाल रंग के पात्र ही मिलते हैं, जिनमें प्रमुख रूप से 'इंकपॉट टाइप लिड' अंदर की ओर मुड़ी अवठ वाले सकोरे, लंबी गर्दनवाले जल पात्र, हैंडल वाले पात्र, अनाज रखने के पात्र, छोटे पात्र प्रमुख हैं। पुरावशेषों में मृण्मूर्तियाँ, मिट्टी के मनके, अस्थि-उपकरण, लौह-उपकरण आदि प्रमुख हैं।

अध्याय : 7

स्वतंत्रता सेनानी पं. राजाराम शर्मा

रत्न प्रसूता भारत की वसुंधरा में जहाँ अनेक देश रत्न प्रसूत किए, वहीं उत्तर प्रदेश का पूर्वांचल भी इस क्षेत्र में बढ़-चढ़कर रहा है। सांप्रदायिक सौहार्द्र स्थापित करनेवाले संत कबीर नगर से लेकर आलोचना सम्राट आचार्य रामचंद्र शुक्ल जी भी इसी धरती पर जनमे स्वतंत्रता की बेड़ियों में जकड़ी एवं कराहती भारत माता की आर्त पीड़ा को सुननेवाले अनेक स्वतंत्रता संग्राम सेनानियों ने भी यहाँ जन्म लिया। नवसृजित जनपद संत कबीर नगर मुख्यालय से मात्र 09 किलो. पश्चिम राष्ट्रीय राजमार्ग पर बसे भुजैनी ग्राम में श्री हर्ष तिवारी के प्रथम पुत्र के रूप में पंडित राजाराम शर्मा का जन्म 17 मई, 1897 ई. को हुआ था। मिडिल स्कूल पास करने के बाद उन्होंने कुछ दिनों तक मगहर तथा बभनान में अध्यापन कार्य किया। उनका विवाह श्रीमती अवध राजी देवी के साथ बस्ती जनपद के मूर्हा पट्टी दरियाव में पंडित चंद्रबली दूबे के घर हुआ था। पंडित राजाराम शर्मा के दो पुत्र क्रमश: श्री सत्य व्रत शर्मा व सत्य देव शर्मा थे। उनके ज्येष्ठ पुत्र श्री सत्य व्रत शर्मा के परमात्मा प्रसाद तिवारी एवं दूसरे पुत्र धर्मात्मा प्रसाद तिवारी हैं। उनके पौत्र श्री नित्यानंद तिवारी ने भुजैनी में ही अपने बाबा श्री राजाराम शर्मा की स्मृति में जूनियर हाईस्कूल व इंटर कालेज की स्थापना की है जहाँ हजारों की संख्या में विद्यार्थी अध्ययन कर रहे हैं।

महात्मा गांधी के नेतृत्व में स्वराज का आंदोलन जब अपने उत्कर्ष पर था, उसी समय पंडित राजाराम शर्मा ने अपने व्यक्तिगत हितों को तिलांजलि देकर राष्ट्रहित में अपने को पूरी तरह समर्पित कर दिया एवं स्वतंत्रता संग्राम में कूद पड़े। महात्मा गांधी के प्रति उनके मन में अगाध निष्ठा थी और वह उनके प्रिय पात्रों में से एक थे। गांधी जी के प्रति उनके लगाव को देखते हुए स्थानीय लोग उन्हें भी गांधी बाबा नाम से पुकारते थे। 'नमक सत्याग्रह आंदोलन' में अपनी सहभागिता के कारण 20

जून, 1930 को भारतीय दंड संहिता की धारा 117 के अंतर्गत एक वर्ष की सजा और तीन सौ रुपये जुर्माना तथा जुर्माना न देने पर तीन माह की अतिरिक्त सजा मिली। सविनय अवज्ञा आंदोलन के दौरान 23 जनवरी, 1932 को नौ माह की सजा मिली। व्यक्तिगत सत्याग्रह आंदोलन में 8 जनवरी, 1941 को 4 माह कैद तथा एक सौ रुपये जुर्माने की सजा मिली। 'भारत छोड़ो आंदोलन' में भाग लेने के कारण 9 अगस्त, 1942 से 2 नवंबर, 1944 तक राष्ट्रीय सुरक्षा कानून के अंतर्गत कठोर करावास का दंड मिला। उनके पौत्र नित्यानंद तिवारी बताते हैं कि स्वर्गीय बाबा जी को 'वंदे मातरम्', 'अंग्रेजो भारत छोड़ो' कहने पर गांधी टोपी लगाने तथा चरखा कातने के विरोध में अंग्रेजों ने उन्हें बस्ती कचहरी से दक्षिण अमहट पुल पर जाड़े में प्रातः कुआनो नदी में नहलाकर उनके दाहिने पैर में घुटने पर ऐसा मारा था कि चार स्थानों की चमड़ी उधड़ गई थी, जिसका निशान अंत तक उनके पैर में बना रहा। 9 फरवरी, 1922 को अहिंसक सत्याग्रहियों के गिरफ्तारी के समय अंग्रेजों ने उन्हें इतना मारा था कि वे मरते-मरते बचे थे।

स्वर्गीय शर्मा जी 1952 में निर्वाचन क्षेत्र खलीलाबाद से प्रथम बार विधान सभा सदस्य चुने गए। जिला परिषद के वाइस चेयरमैन, जिला कांग्रेस कमेटी के मंत्री तथा प्रांतीय कांग्रेस की कार्यसमिति के सदस्य भी रहे। पत्रकारिता के क्षेत्र में साप्ताहिक 'विजय' का प्रकाशन एवं 'पंचमुख' के संपादक भी रहे।

बभनान में नौकरी के दौरान उनके मित्र और तत्कालीन वहाँ के पोस्ट मास्टर के पिता जी के अंतिम दिनों में उनके दर्शन के लिए छुट्टी के लिए तार पर तार देने के बावजूद छुट्टी नहीं मिली। जब उनके पिता जी मर गए, तब छुट्टी मंजूर होकर आई। इस घटना से दुखी शर्मा जी ने नौकरी में परवशता और गुलामी से खिन्न होकर नौकरी से इस्तीफा देकर व्यापार करने लगे। 5 फरवरी, 1921 को गोरखपुर में गांधी जी के सान्निध्य में आकर चरखा और सूत के प्रति झुकाव के साथ-ही-साथ राजनीति में भी उतरने से दुकान प्रायः बंद रहती थी। देश-सेवा और दुकान में से उन्होंने देशसेवा को प्राथमिकता देकर व्यापार भी बंद कर दिया। एक दिन उन्हें चरखे से निकले सूत का ताना तानते हुए देखकर उनके एक मित्र ने कहा, "वाह रे शेख फतहू"। जिससे मित्रों में उनका यही नाम पड़ गया जो अंग्रेजों के विरुद्ध चलाए जा रहे आंदोलन में फरारी की अवस्था में प्रयुक्त होता रहा। जब लोग उन्हें शेख फतहू नाम से पूछते तो उन्हें पता बता दिया जाता, परंतु उनके असली नाम से पूछने पर टरका दिया जाता था।

स्वर्गीय शर्मा जी 1952 में निर्वाचन क्षेत्र खलीलाबाद से प्रथम बार विधान सभा सदस्य चुने गए। जिला परिषद के वाइस चेयरमैन, जिला कांग्रेस कमेटी के प्रधानमंत्री तथा प्रांतीय कांग्रेस की कार्यसमिति के सदस्य भी रहे। पत्रकारिता के क्षेत्र में साप्ताहिक 'विजय' का प्रकाशन एवं 'पंचमुख' के संपादक भी रहे। 'पंचमुख' में अंग्रेजों के खिलाफ लिखने से अंग्रेजों ने प्रेस को ही जब्त कर लिया। 'आज' तथा 'स्वतंत्र भारत' के संवाददाता भी वे रहे। सक्रिय राजनीति के साथ-साथ सामाजिक कार्यों में भी वे सक्रिय रहे तथा 4 जुलाई, 1954 को उन्होंने मेंहदावल में डी.ए.वी. इंटर कालेज की स्थापना की। 1962 तक एम.एल.ए. रहने के बाद अस्वस्थ होने के कारण उन्होंने सक्रिय राजनीति से संन्यास ले लिया तथा अपनी मेंहदावल सीट प्रथम महिला मुख्यमंत्री श्रीमती सुचेता कृपलानी के लिए रिक्त कर दी। श्री चंद्रभान गुप्त अपने मुख्यमंत्रित्व काल में उन्हें स्वतंत्रता संग्राम सेनानी होने के नाते 150 एकड़ जमीन नैनीताल में दे रहे थे, परंतु श्री शर्मा जी ने उनकी भावना का स्वागत करते हुए यह कह उस भूमि को लौटा दिया कि मैं तो जमींदार हूँ। आप इस भूमि को भूमिहीनों में बाँट दीजिए। पंडित शर्मा का देहावसान दिनांक 18 नवंबर, 1980 को उनके पैतृक गाँव भुजैनी में ही हुआ।

रेडक्रॉस सोसायटी से जुड़ने के साथ ही उन्होंने स्काउटिंग भी सीखा था, जिसका प्रभाव उनके जीवन-पर्यंत रहा। अपनी जीवन गाथा 'मेरे जीवन का सफेद पहलू' में वे लिखते हैं, "मैं पक्का स्काउट तो नहीं हूँ, किंतु स्काउटों के बहुत से गुण मुझमें हैं। जब मैं कहीं सफर में जाता हूँ तो अपने झोले में चाकू, पेंसिल, नोटबुक, लोटा-डोरी, पोटाश, सूई-धागा और मोमबत्ती आदि जरूर रखता हूँ। अगर हो सका तो अर्ककपूर और अमृतधारा भी रखता हूँ। गर्मी के दिनों में बिच्छू काटनेवालों की सेवा करने का सौभाग्य अक्सर मिल जाता है। आग लगने पर अपनी शक्ति से आग बुझाने में काम करता हूँ। किसीको दुख में देखकर मेरे दिल में दर्द उठने लगता है। शक्ति-भर सहायता करने का प्रयत्न करता हूँ। बुड्ढों को देखकर मुझे बड़ा तरस आता है और अपना बुढ़ापा याद आने लगता है। खेत की नाप-जोख, दफ्तरगिरी, प्रूफ रीडरी, सिलाई का काम, साधारण तौर से जानता हूँ। मुझे अपना काम अपने हाथ कर लेने में आनंद आता है। आदमियों से काम लेना मुझे कम आता है।"

26 जनवरी, सन् 1938 को 'विजय' साप्ताहिक का प्रकाशन हुआ, जिसके संपादन का कार्य पं. राजाराम शर्मा 'अचल' ही किया करते थे। 'विजय' में भी

उनकी कविताएँ छपा करती थीं। इसके प्रायः सभी अंकों में तत्कालीन सामाजिक, आर्थिक तथा राजनैतिक पक्षों पर 'घोंचवाफेर' नाम से वे हास्य व व्यंग्य 'घर घेमन दादा' नाम से लिखा करते थे। जेल जाने की सूचना पर 'नंबर आ गया' नामी अग्र लेख लिखकर 'विजय' का प्रकाशन अनिश्चित काल के लिए बंद कर जेल चले गए। 'विजय' के संबंध में वे लिखते हैं, "यह बात तो जरूर थी कि मुझे विजय के लिए चुर जाना पड़ा, फिर भी 'विजय' मेरी अभिलाषाओं में सर्वोच्च स्थान पर था। अब भी उसका स्थान वही है जो पहले था। 'विजय' को अब भी लोग याद करते हैं, मुझे तो परम प्रिय था ही। अब देखिए 'विजय' पुनः कब निकलता है। 'विजय' अब नहीं है, पर उसके स्मारक स्वरूप 'विजय प्रेस' अवश्य है जो सन् 1942 के स्वतंत्रता युद्ध में दो मास तक जप्त रहा। 'विजय' चाहे याद रहे या न रहे, किंतु 'घर घुमन दादा' का 'घोंचवाफेर' सभी पाठकों को याद रहेगा। 'साक्षरता दिवस' के लिए लिखी गई उनकी लंबी कविता 'अपढ़वा' लोगों में बहुत ही चर्चित रही, जो विजय के दूसरे वर्ष के प्रथम अंक में छपी, जिसकी कुछ पंक्तियाँ इस प्रकार हैं—

तुहरा से बिनती हमार हवे बार-बार,
अबहूँ से अँखिया उघारा ये अपढ़वा।
विद्या क सुंदर सूर्य उदित मुदित मन,
घर-घर भइलैं प्रकाश ये अपढ़वा।
चीन और रूस जागे, टरकी जपान जागे,
जागि गईलैं हबसी गुलाम ये अपढ़वा।
तुहरे पड़ोसी अफगान लोग जागि गइलैं,
अबहूँ न जगला तूँ हाय ये अपढ़वा।

सन् 1943 के 'बसंत पंचमी' के पावन पर्व पर भारत माता की गुलामी से मुक्ति न हो पाने के अपने मानसिक भाव को उन्होंने एक पद के द्वारा व्यक्त किया है—

माता की बंदि कटी नहिं हाय रे, शोक करैं या कि मोद मनावैं।
भारत भाग्य खटाई पर्यो, भगवान! कहो केहि को गोहरावैं।
रंग में भंग भयो भरपूर, कहो कइसे अब रंग उड़ावैं।
काली घटा उनई चहूँओर, बसंत मनावैं कि सावन गावैं।

पंडित राजाराम शर्मा एक सचेत और जुझारू स्वतंत्रता संग्राम सेनानी, देशभक्त और स्वाभिमानी व्यक्ति होने के साथ-साथ एक सहृदय कवि भी थे। पराधीन भारत की कुछ-कुछ सोई और कुछ-कुछ जागती हुई जनता को लोकगीतों और लोक-धुनों के जरिये गा-गाकर क्षेत्रीय और राष्ट्रीय स्तर पर झकझोर कर जगाया एवं आजादी के मैदान-ए-जंग में कूद पड़ने के लिए देशवासियों का आह्वान भी किया। उनके गीतों में पराधीनता की यातना, देश की दुर्दशा, जनता का दुख-दर्द तथा क्रांति के स्वर बहुत मुखर रूप में प्रकट हुए हैं। पहले वे 'द्विजदीन' उपनाम से कविताएँ लिखा करते थे, किंतु इस उपनाम से वीर रस की कविताएँ ठीक नहीं जँचती थीं। इसलिए इस उपनाम को 'अंचल की अभिलाषा' शीर्षक कविता लिखने के बाद 'अचल' उपनाम से कविता करने लगे। उक्त कविता इस प्रकार है—

'अचल' तुम्हारी भक्ति अचल रहै सदैव,
विचल न जाए कहूँ लालच में परि के।
दरके करेजा दुख देखि के दरिद्रन के,
लख ने अनीति नाथ! अंग-अंग फरके।
करके गुलामी, नित खार बनि आँखन में,
देश को जगा दें हम जी के और मर के।
पर के न सोवैं, तौ लों, विरत न होवैं कबौं,
जौं लौं न देखि लें स्वतंत्र देश करि के॥

देश को स्वतंत्र कराने के लिए आंदोलन में भाग लेने के कारण उन्हें बार-बार जेल जाना पड़ता था, लेकिन स्वतंत्रता-प्राप्ति हेतु वे अपने लक्ष्य के प्रति दृढ़ संकल्पित थे। बार-बार जेल जाना और छूटने के अनुभव को भी उन्होंने अपने कार्य में इस तरह वर्णित किया है—

जब देश ही जेल बना हुआ है, क्या यहाँ रहना, क्या है बाहर जाना।
मानी स्वदेश पुजारियों का, इस राज में है कहाँ और ठिकाना।
जब आना ही जाना लगा हुआ है, तब जेल कहाँ?
है मुसाफिर खाना।
ठाना है पै प्रण, सौंह प्रताप की, प्यारे स्वदेश पै सीस चढ़ाना॥

पंडित शर्मा जी की कई रचनाओं 'हृदयोद्गार', 'उद्धार' और काव्य रचनाओं का विशाल संग्रहं देखने को मिला। उनकी कुछ रचनाएँ 'बस्ती गजट', 'पंचमुखी', 'कृष्ण वाणी' आदि पत्र-पत्रिकाओं में प्रकाशित हो चुकी हैं। अपनी रचनाओं का काल तथा स्थान भी उन्होंने कविताओं के नीचे लिखा है। उनकी अधिकांश रचनाएँ नैनी जेल, बहराइच जेल, गाजीपुर जेल तथा बस्ती जेल में कारावास के दौरान लिखी गई हैं। उनकी रचनाओं के संग्रह को देखने से मैं इस निर्णय पर पहुँचा हूँ कि वह पराधीन भारत की आजादी के लिए छटपटाते हुए एक सच्चे लोक गायक, खरे देशभक्त और स्वदेशी के बाना में सिर से पाँव तक रमे हुए उद्बोधक थे। उन्हें लोकगीतकार के रूप में साहित्य में स्थापित किया जा सकता है। उनके गीत लोक प्रचलित धुनों एवं विभिन्न रागों तथा रागिनियों पर आधारित हैं। दादरा, चैताल, पद, धमारि, सवैया, भैरवी, कजली, कहरवा, पूर्वी, चैता, झूमर, गजल, लावनी, भजन, झूला, बिरहा, गारी, नकटा, होली आदि उनके प्रिय राग एवं दोहा, कुंडलिया, कवित्त, घनाक्षरी, छप्पय आदि उनके प्रिय छंद रहे हैं। 'समस्या पूर्ति' विधा की भी अनेक रचनाएँ उन्होंने की हैं। उनकी रचनाओं में राष्ट्रप्रेम, गांधीवाद, चरखा प्रेम, भक्ति भावना, स्वदेशी विचार, अखंड देशभक्ति, सामाजिक एवं राष्ट्रीय एकता, निरंकुश अंग्रेजी सत्ता के प्रति खुला विद्रोह और महात्मा गांधी के प्रति अनन्य निष्ठा के स्वर प्रमुख रूप से देखने को मिलते हैं। उदाहरणार्थ—

करिहौं स्वदेश सेवा भरिहौं भलाई तैं,
जारि हौ विदेश वस्त्र खद्दर सिर धरिहौं।
धरिहौं सुपथ को, निगरिहौं बेगारी को,
फोरि फूट घट, छूत पापिन बिहारिहौं।
दरिहौं कोदो सौं दरिद्र तेरी छाती पै,
दारुण विपत्ति दुर्व्यसन मारि डरिहौं।
डरिहौं न काल हू तें, सत्य सपथ गांधी जी को,
ले के स्वराज, सरकार छारि करिहौं।

6 मई, 1944 को साढ़े आठ बजे दिन में उन्होंने नैनी जेल से महात्मा गांधी जी के छूटने पर एक कविता लिखी थी, जो इस प्रकार है—

छूट गया कारा से गांधी, मुक्त हुआ अब अपना देश।
युग-युग जिए वृद्ध सेनानी, हो स्वतंत्र चिर रहे स्वदेश॥

शासक वर्ग द्वारा धर्म, भाषा आदि के आधार पर 'फूट डालो और राज्य करो' की कूटनीति से सचेत करते हुए उन्होंने पंथगत एकता और सांप्रदायिक सद्भाव को भी अपनी अभिव्यक्ति का माध्यम बार-बार बनाया है। वे कहते हैं—

मिल के हिंदू मुस्लिमों सर फूट का अब फोड़ दो,
एकता के सूत्र के सूत्र में अपनी अपनी गर्दन जोड़ दो।
सत्य के पथ पर चलो, अन्याय से डरते रहो,
औ सदा अन्यायियों का धरके मुखड़ा मोड़ दो॥

चुनाव चाहे वर्तमान राजनीति का हो या स्वतंत्रता-प्राप्ति के पूर्व का रहा हो, राजनेता प्रायः इसी सिद्धांत के रहे हैं कि उन्हें उनकी सिद्धि चाहिए, साधन चाहे जैसे हों। अपनी इस सिद्धि के लिए वे चुनाव में जीत हासिल करने के लिए किसी भी हद तक जा सकते हैं। मतदाताओं को लुभाने के लिए वे विभिन्न प्रकार के झूठे आश्वासन देते हैं। राजनेताओं की इस चालाकी से मतदाताओं को सचेत करने के लिए 12 अक्टूबर, 1936 को 'अचल' जी ने एक लंबी कविता 'वोटरवा' लिखी थी, जिसकी कुछ पंक्तियाँ इस प्रकार हैं—

हाथ जोरि पइयाँ लागि, अरज करत बाटी,
तनी सुनु बतिया हमार रे वोटरवा।
मघवा महिनवाँ में कौंसिल चुनाव होइहैं,
ओटवा समुझि बूझि दिह्यो रे वोटरवा॥
ओटवा का हक जौन तुहँके मिलल बाटै,
ओके जनि पनियाँ में फेक्यों रे वोटरवा।
जौन तोहर दुखवा और सुखवा में साथ रहैं,
अइसन के मेंबर बनायो रे वोटरवा॥

× × ×

जौन सरकारी चापलूस वोट माँगै अइहैं,
बड़ा-बड़ा रूप दिखलइहैं रे वोटरवा।
जाई कँवसिलवा में बइठि जम्हाई लीहैं,
सरकारी हाँ में हाँ मिलइहैं रे वोटरवा॥

तुहरी भलइया में कुछ न उपाय करिहैं,
अपने हैं मतलब के यार रे वोटरवा।
कपटी कुटिल बहु कल बल छल करि,
तुहँके फँसाई लीहैं सुनु रे वोटरवा॥
इनके घुड़िकिया औ रोबवा में आयो जनि,
सकिंहैं न कुछ करि तोर रे वोटरवा।
वोटवा और बिटिया पवित्र चीज होखैं,
बाबू जानिके सुपात्र पात्र दिहौ रे वोटरवा॥

भारत छोड़ो आंदोलन (1942) में गिरफ्तार किए जाने पर और बस्ती जेल से नैनी जेल के लिए आंदोलनकारियों को स्थानांतरित किए जाने का एक दृश्य प्रासंगिक है—

हम वा दिन की गति काव कहैं,
बरियात चली सजि कै जब रेल में।
आठ नवंबर को पहुँचे,
जमुना वहि वार के सेंट्रल जेल में।
अगुआनी में साहब लोग फिरैं,
जस भागत जात हैं ऊँट नकेल में।
रासन बासन एक मिलै नहिं,
नात गरीब मिला यदि जेल में॥

दिनांक 05 सितंबर, 1939 को बहराइच जेल में लिखी गई 'जेल की रोटी' नामक कविता में भूखे और बंदी आदमी तथा जेल की दुर्व्यवस्था पर यह कविता एक दस्तावेज है—

जेल की बात बतावें कहा, कफनी-सी मिलै जहाँ एक लँगोटी।
तेल व नून पे लूट परै मरचे के लिए नित छीना घसोटी।
घस को साग छ मास मिले, नित दाल मिलै भल काली कलूटी।
पूछो ना भाई सोहारी सी लागत, भूख लगे पर जेल की रोटी।

स्वराज आंदोलन में 'चरखा आंदोलन' की महत्त्वपूर्ण भूमिका रही है। वह स्वदेशी का मात्र प्रतीक ही नहीं, बल्कि एक महत्त्वपूर्ण राष्ट्रीय आंदोलन भी रहा है। लोक जीवन में 'चरखा आंदोलन' का स्वर वह सामने लाते हैं—

अलबेलवा चरखा खूब चलै।
धुनि-धुनि रुइया मैं पिउनी बनायउँ, काते सूत अधिक निकलै।
सुतवा मैं काति-काति खद्दर बनायउँ, देखि विदेसिया हाथ मलै।
ओहि रे कपड़वा कै कुर्ता बनायउँ, नौकरशाही देखि जलै।
जो तूँ मनबौ गांधी कै बतिया, भारत माँ कै बिपति टलै॥

पराधीन भारत में आजादी और स्वदेशी पर दीवानगी की हद तक आह्वान गीत गानेवाले और आजादी के पश्चात राष्ट्रीय एकता और गरिमा के ध्वजवाहक समाजसेवी पंडित राजाराम शर्मा के कृतित्व का ऋण इस समूचे अंचल पर है। आज के बहुराष्ट्रीय कंपनियों के दबाव और सामाजिक राष्ट्रीय विघटन के प्रति चिंतित और सचेत वे आजीवन एक संघर्षशील नागरिक बने रहे। उनकी रचनाओं का विपुल भंडार भी प्राय: अप्रकाशित है, किंतु इस धुंध भरे समय में राजाराम शर्मा जैसे समर्पित देशभक्तों के विलोपन की कृतघ्नता आजादी की स्वर्ण जयंती पर एक धब्बे जैसा है। आशा है कि इसे नए सिरे से उनके योगदान का मूल्यांकन करके ऐसे सपूत को अब से सही श्रद्धांजलि दे सकेंगे। हम उन्हीं की निम्नांकित रचना से उन्हें समझ सकते हैं—

मानवता मेरी माता, प्यार मेरे पिता,
आस्था मेरी बहिन, श्रम मेरा बंधु।
वेदना बहुरंगिनी मेरी जीवनसंगिनी,
सुख-दुख के गीत, मेरे सच्चे मीत।
इस भरे-पूरे परिवार में
बड़े मजे के साथ जी रहा हूँ।

सौजन्य से—
हीरालाल त्रिपाठी, पूर्व प्रधानाचार्य

अध्याय : 8

जनपद के साहित्यिक व्यक्तित्व : महाकवि रामदेव सिंह 'कलाधर'

जनपद संत कबीर नगर के दक्षिणांचल में सदानीरा कुआनो व पुण्य सलिला सरयू के मध्य 'द्वाबा' क्षेत्र के राम जानकी मार्ग पर स्थित धनघटा में श्री तीर्थराज सिंह और श्रीमती सहदेई देवी दंपती ने 23 फरवरी, 1909 तद्नुसार संवत 1965 विक्रमी फाल्गुन शुक्ल तृतीया दिन मंगलवार को एक पुत्र को जन्म दिया। नाम रखा गया—रामदेव सिंह। प्राथमिक शिक्षा के योग्य होने पर इन्हें स्थानीय पाठशाला धनघटा और तत्पश्चात हैंसर बाजार भेजा गया। प्राथमिक और मिडिल परीक्षा उत्तीर्ण करने के बाद इन्होंने सन् 1930 में उर्दू मिडिल परीक्षा उत्तीर्ण की। हाईस्कूल स्तर पर 'साहित्य रत्न' परीक्षा संवत 2009 विक्रमी में उत्तीर्ण करने के बाद हिंदी बीटीसी परीक्षा सन् 1936 में तथा उर्दू बीटीसी परीक्षा सन् 1938 में उत्तीर्ण की। इन्होंने हाईस्कूल परीक्षा सन् 1951 और इंटरमीडिएट परीक्षा सन् 1953 में उत्तीर्ण की। सन् 1935 में ये बेसिक शिक्षा परिषद में अध्यापक नियुक्त हुए। अध्यापन कार्य करते हुए ये 1970 ईस्वी में प्रधानाध्यापक पद से सेवानिवृत्त हुए। सेवानिवृत्ति के बाद परिवार के साथ धनघटा में ही रहते हुए साहित्य सृजन के अध्यवसाय में संलग्न दिनांक 04 अप्रैल, 1984 को आप परलोक सिधार गए। इनके एकमात्र पुत्र श्री अमर सिंह तथा 3 बेटियाँ थीं। पुत्र अमर सिंह भी प्रधानाध्यापक पद

रामदेव सिंह 'कलाधर'

से सेवानिवृत्त होकर बेटों और पौत्रों के साथ सुखी जीवनयापन कर रहे हैं। इनके पौत्र श्री सुजान सिंह में भी अपने पितामह की ही भाँति काव्य-सौष्ठव के गुण भरे हैं। वे श्री रामदेव सिंह कलाधर अमर सुजान आनंद सेवा संस्थान, धनघटा, संत कबीर नगर तथा 'सुजान साहित्य मंडल' नामक संस्था के माध्यम से काव्य-सृजन तथा उसके परिवर्धन में सन्नद्ध हैं।

अपने स्वाध्याय में इन्होंने उर्दू, फारसी, संस्कृत तथा अंग्रेजी आदि भाषाओं का ज्ञान प्राप्त किया। अधिकांश भाषाओं तथा कलाओं में पारंगत होने के कारण इनका उपनाम 'कलाधर' पड़ा। घर की आर्थिक स्थिति की सुदृढ़ता के लिए खेती-गृहस्थी के साथ बागबानी आदि कार्यों में भी संलग्न रहते हुए काव्य-रचना के प्रति आपकी अभिरुचि जगी, जिसे वे अंत तक सँजोए रहे।

'कलाधर' जी की रचनाधर्मिता को ध्यान में रखकर विभिन्न संस्थानों ने उन्हें सम्मानित भी किया था। हिंदी साहित्य संस्थान तथा अखिल भारतीय विद्वत परिषद ने इन्हें 'कवि रत्न' एवं 'आचार्य' की उपाधियाँ दीं। सन् 1975 में बस्ती में हुए 'प्रांतीय हिंदी सम्मेलन' में भी कलाधर जी को सम्मानित किया गया। सन् 1982 में 'आचार्य शुक्ल साहित्य परिषद-बस्ती' ने भी इन्हें सम्मानित किया था।

साहित्यानुरागियों ने कवि कलाधर को 'द्विवेदी युग' के प्रतिष्ठित कवि पंडित गया प्रसाद शुक्ल 'सनेही' मंडल के कवियों में स्थापित करने का प्रयास किया है। हिंदी साहित्य का इतिहास के आधुनिक काल, प्रकरण-3, कालखंड : नई धारा : द्वितीय सर्ग में आचार्य रामचंद्र शुक्ल ने पंडित श्रीधर पाठक, पंडित अयोध्या सिंह उपाध्याय 'हरिऔध', पंडित महावीर प्रसाद द्विवेदी, बाबू मैथिलीशरण गुप्त, पंडित रामचरित उपाध्याय, पंडित गिरिधर शर्मा 'नवरत्न', पंडित लोचन प्रसाद पांडेय को द्विवेदी जी के प्रोत्साहन से अथवा उनके आदर्श के अनुकूल रचनाधर्मिता से जोड़ा है। आचार्य शुक्ल अपने साहित्य के इतिहास में लिखते हैं कि "इस द्वितीय उत्थान के भीतर अनेक ऐसे कवि भी बराबर अपनी वाग्धारा बहाते रहे, जो अपना स्वतंत्र मार्ग पहले से निकाल चुके थे और जिन पर द्विवेदी जी का कोई विशेष प्रभाव नहीं दिखाई पड़ता।"

'द्विवेदी मंडल के बार की काव्य भूमि' शीर्षक के अंतर्गत वे पुनः स्पष्ट करते हुए लिखते हैं कि द्विवेदी जी के प्रभाव से हिंदी काव्य ने जो स्वरूप प्राप्त किया, उसके अतिरिक्त और अनेक रूपों में भी भिन्न-भिन्न कवियों की काव्यधारा चलती रही। कई एक बहुत अच्छे कवि अपने ढंग पर सरस और प्रभावपूर्ण कविता करते

रहे, जिनमें मुख्य राय देवी प्रसाद 'पूर्ण', पंडित नाथूराम शंकर शर्मा, पंडित गया प्रसाद शुक्ल 'सनेही', पंडित सत्यनारायण 'कविरत्न', लाला भगवानदीन, पंडित राम नरेश त्रिपाठी, पंडित रूप नारायण पांडेय हैं। इन्हीं कवियों में पंडित गया प्रसाद शुक्ल 'सनेही' जी ने 'सुकवि' पत्रिका के माध्यम से साहित्य के तमाम कवियों की रचनाओं को प्रकाशित कर जनमानस तक पहुँचाने का सराहनीय प्रयास किया। जो कवि 'सनेही' जी की काव्य प्रवृत्ति के अनुयायी या 'सुकवि' से जुड़े थे, उस कवि शृंखला को 'सनेही मंडल' के कवि के रूप में स्वीकार किया गया। श्री रामदेव सिंह 'कलाधर' इसी 'सनेही मंडल' के कवि के रूप में जाने जाते हैं।

कलाधर जी की रचनाएँ

1. काव्य कलाधर, भाग-1
2. काव्य कलाधर, भाग-2
3. काव्य कलाधर, भाग-3
4. काव्य कलाधर, भाग-4
5. काव्य कलाधर, भाग-5
6. शबरी
7. पूर्ति शतक
8. घासलेटी गीत
9. पैरोडी
10. दमकते दोहे
11. काव्य की खिचड़ी
12. काव्य कुंज, भाग-1
13. काव्य कुंज, भाग-2
14. काव्य में चार चाँद
15. होली का उपहार
16. गड़बड़ सतसई
17. चौपट चौपट संगीत
18. गुदगुदी, भाग-1
19. गुदगुदी, भाग-2
20. गुदगुदी, भाग-3

21. मेरी दृष्टि में
22. ब्रज रंज
23. विषय साधारण कृतियाँ असाधारण
24. तुलसीदास महाकाव्य

ग्रामीण साहित्य

1. चोखार कहरवा
2. चोखार गारी
3. राही का पेड़ा
4. नोहर सोहर
5. कवित्त कजली
6. कहरवा इत्यादि।

पद्यात्मक भूगोल

1. भूगोल कलाधर, भाग-1
2. भूगोल कलाधर, भाग-2
3. भूगोल कलाधर, भाग-3
4. भूगोल कलाधर, भाग-4
5. भूगोल कलाधर, भाग-5

बाल साहित्य

1. बाइस्कोप
2. बढ़िया बालामृत
3. राष्ट्रीय बालामृत
4. रंगीन बालामृत
5. टिकोरे
6. मथुरा का पेड़ा
7. सुनहरा बालामृत
8. वर्षा बालामृत

9. आमीषा मृत
10. रसौले रसगुल्ले
11. बालामृत सार
12. शिशु गीत इत्यादि।

प्रत्येक देश और काल का साहित्य वहाँ की जनता की चित्तवृत्तियों का सिंचित प्रतिबिंब होता है। जनता की चित्तवृत्तियों के परिवर्तन के साथ-साथ साहित्य के स्वरूप में भी परिवर्तन स्पष्टतः दिखाई देता है। कवि कलाधर जी ने पराधीनता और स्वतंत्र भारत दोनों कालों को नजदीक से देखा था। फलतः उनके भाव पक्ष और कला पक्ष पर भी इसका प्रभाव दिखाई पड़ता है। उनके काव्य में आंचलिक समस्याओं से लेकर वैश्विक समस्याओं तक का यथार्थ चित्रण के साथ उनके समाधान हेतु उचित मार्गदर्शन, सामाजिक आडंबरों, छद्‌माचारों का संत कबीर और महाप्राण निराला जी की तरह निर्भीक विरोध, लोक की पीड़ा के प्रति सहानुभूति के भाव स्पष्टतः दिखाई देते हैं। 'सनेही मंडल' के कवियों में प्रमुख 'कलाधर जी' द्विवेदी युगीन खड़ी बोली में नूतन छंद के प्रयोग के आह्वान एवं छायावादी कवियों द्वारा कवित्त, सवैया आदि पर पारंपरिक शब्दों को खड़ी बोली के अनुपयुक्त मानने के दुराग्रह को चुनौती देते हुए नूतन प्रयोग किए, किंतु उनकी अधिकांश रचनाओं का अधिकांश भाग अप्रकाशित होने के कारण उन्हें वह प्रचार-प्रसार व यथेष्ट सम्मान नहीं मिल सका, जिसके वे सच्चे अर्थों में हकदार थे। उनके काव्य का अवलोकन और अनुशीलन से प्रतीत होता है कि कलाधर जी के बहुआयामी व्यक्तित्व के अनुसार उनका साहित्य भी बहुमुखी है। उनके काव्य में धर्म-दर्शन, निजी जीवन, उपेक्षितों का जीवन, समाज, भाषा, भूगोल, संस्कृति, जनजागरण, समाजोत्थान के भाव प्रस्फुटित हुए हैं। उनका काल, संक्रमण काल था। अंग्रेजों की दासता से त्रस्त स्वतंत्रता के प्रति जन-जन में अकुलाहट के भाव कवि की अंतश्चेतना को उद्वेलित करती है।

किसी भी कवि के काव्य को परखने के लिए उसके व्यक्तित्व को समझना भी आवश्यक हो जाता है। चूँकि कवि भी तत्कालीन समाज का ही एक अंग होता है और साहित्य समाज का ही दर्पण होता है, ऐसी स्थिति में तात्कालिक सामाजिक, सांस्कृतिक, राजनीतिक व आर्थिक स्थितियों का कवि-मन पर प्रभाव पड़े बिना नहीं रहता। ऐसी स्थिति में वे परिस्थितियाँ उसके कवि-मन को व्यथित व उद्वेलित करती हैं जो उसके काव्य में स्पष्ट दिखाई देती हैं। किसी भी कवि के काव्य को समझने के लिए उसके व्यक्तित्व को समझना भी आवश्यक हो जाता है। कवि के व्यक्तित्व

के प्रमुखतः दो पक्ष होते हैं—बाह्य व्यक्तित्व और आंतरिक व्यक्तित्व। कलाधर जी के स्वास्थ्य को देखते हुए उनके पिता जी उन्हें अखाड़े पर कुश्ती-कला सीखने के लिए भेजते थे। उनका शारीरिक रंग साँवला था, परंतु रूप और रंग आकर्षक था। बड़ी-बड़ी मूँछें रखने के शौकीन थे। वे कहा करते थे कि मूँछविहीन व्यक्ति उसके पौरुष का अपमान करते हैं—

महिलाओं से होड़ चले करने,
पर मर्द हो माँ भराओगे कैसे?
नहीं मूँछ का भार उठा सकते,
परिवार का भार उठाओगे कैसे?

'कलाधर जी' की वेशभूषा में गांधी आश्रम के कपड़े का बना हुआ खुली बाँह का कुर्ता, धोती, जैकेट, टोपी तथा पैरों में साधारण चमड़े के जूते पहनते थे। सादगी के इस बाने में मंच पर वे अपने काव्य-पाठ के समय उचित यति-लय, आरोह-अवरोह और नाद-सौंदर्य से श्रोताओं को भाव-विभोर कर देते थे। अध्यापन के दौरान वे अपने दायित्वों के प्रति सजग रहते थे। छात्रों को उनके विषय कैसे तैयार करा दिए जाएँ—इस बात को लेकर वह सदैव सतर्क रहते। वे गद्य की अपेक्षा पद्य की मधुरता और उसके प्रति विद्यार्थियों की रुझान को देखते हुए वे विद्यार्थियों के लिए उनके विषय पद्य-बद्ध भी कर देते थे। उनकी रचना 'भूगोल कलाधर' के पाँच भाग इसके जीवंत उदाहरण हैं।

'कलाधर जी' में देश-प्रेम का भाव कूट-कूट कर भरा था। देश की परतंत्रता की पीड़ा से व्यथित कवि-मन स्वातंत्र्य प्राप्त की अकुलाहट के प्रति मुखर था। कृषक परिवार में जन्म लेने के कारण कृषि की विभिन्न समस्याओं के प्रति भी वे सजग थे तथा उनके समाधान के प्रति अपने विचर रखने से भी नहीं चूकते थे। खेती-किसानी के विविध पक्षों पर भी उन्होंने अपनी लेखनी चलाई। वे लिखते हैं—

भारत खेतिहर देश नहीं पर अच्छी खेती,
है यह परम अभाग्य नहीं जनता रुचि लेती।
सोच समस्या जटिल देश के नेता जागें,
करने लगे विचार देश से दुर्दिन भागे।

कवि कलाधर जी एक सामान्य गृहस्थ परिवार के सदस्य थे। पिता श्री तीर्थराज सिंह की मृत्यु के बाद घर की सारी जिम्मेदारी आपके कंधों पर ही आ गई। परिणामतः

उन्हें अपनी तमाम इच्छाओं का दमन करना पड़ा। अर्थाभाव के परिणामस्वरूप कवि को अपनी काव्य-धरोहर का मुद्रण एवं प्रकाशन भी न करा पाने का दुख अंत तक सालता रहा। उनकी लगभग चालीस रचनाओं में से मात्र 13 रचनाएँ ही प्रकाशित हो सकी हैं। कलाधर जी के सुपुत्र श्री अमर सिंह एवं पौत्र श्री सुजान सिंह ने उनकी रचनाओं की पांडुलिपियों को तथा उनकी रचनाएँ जिन पत्र-पत्रिकाओं में छपी हैं, उन्हें आज भी सहेजकर रखा है जो आज भी प्रकाशन के अभाव में छटपटा रही हैं। कलाधर जी के बहुआयामी व्यक्तित्व के अनुरूप उनका साहित्य भी विविधता लिये हुए है। उनके काव्य में धर्म-दर्शन, वैयक्तिक जीवन, उपेक्षितों का जीवन, समाज, भाषा, भूगोल संस्कृति, जनजागरण, समाजोत्थान जैसे विभिन्न विषयों पर उनके भाव दृष्टिगोचर होते हैं। रामजानकी रोड पर बसा कवि का धनघटा गाँव इस मार्ग की ऐतिहासिकता को सँजोए हुए है। जैसा कि लोगों द्वारा यह कहा जाता है कि इसी मार्ग से जनकपुरी के लिए श्री रामचंद्र जी की बारात अयोध्या से महाराज दशरथ लेकर गए थे। राम जी की बारात की चर्चा हो तो ग्रामीण परिवेश में पले कवि द्वारा बारात में गाई जानेवाली गारी अर्थात गाली की चर्चा न हो, यह कैसे संभव हो सकता था? कवि ने इस मांगलिक गीत को और भी रोचक बनाने के उद्देश्य से जो काव्य लिखा, उसका नाम रखा—'चोखार गारी'। विवाह और दहेज तथा घूसखोरी की समस्या को लेकर कवि का व्यथित मन कह ही उठता है—

सुना भैया बराती, सुना भैया बराती,
बंद दहेजवा करावहु जी।
सुना भैया बराती, सुना भैया बराती,
घुसवा कऽ नउवाँ मिटावहु जी।

भारतवर्ष के सांस्कृतिक और प्राकृतिक परिवेश का भी चित्रण कवि ने गारी में ही चित्रित करते हुए लिखा है—

भारत में, भारत में स्वर्ग लजाए जाला॥ भारत में.॥
यहीं शालीमार बाय
यहीं गंग-धार बाय
यहीं मुक्ति द्वार बाय।
यहीं नंदन, यहीं नंदन गुफा में लुकाय जाला भारत में ॥ भारत में.॥

यहीं घटा घनघोर,
यहीं नाच उठें मोर,
यहीं चहकैं चकोर
'कुहू' सुनतै 'कुहू' सुनतै पियूष मुरझाय जाला भारत में ॥ भारत में. ॥
शोभा धरती के फोर
छन-छन निकरै अजोर
रोज आवाला भोर
घसियन पै, घसियन पै मोती सजाय जाला भारत में ॥ भारत में. ॥

'कलाधर जी' चूँकि प्राथमिक व जूनियर विद्यालय में अध्यापक रहे, ऐसे में बच्चों के प्रति सहज प्रेम और वात्सल्य के भाव का पनपना स्वाभाविक था, जो उनके काव्य में स्पष्ट दिखाई पड़ता है। उनकी दर्जनों पुस्तकें बाल साहित्य पर ही आधारित हैं। इन सभी बाल साहित्यों की भाषा प्रायः खड़ी बोली ही है, जिसे कवि ने बड़ी सरलता और बालोपयोगी ढंग से प्रयुक्त किया है। इनके बाल साहित्य की भाषा में मधुरता, समर्थता, सरलता, संक्षिप्तता, स्वाभाविकता, भावानुकूलता तथा औचित्यता के गुण विद्यमान हैं। 'पावस का मोर' शीर्षक कविता द्रष्टव्य है—

देखो-देखो नंद किशोर,
कितना सुंदर लगता मोर।
जब जब आता है इस ओर,
छवि उग जाती धरती फोर।

कवि के 'बालामृत सार' बाल काव्य-संग्रह में संगृहीत कवि की अत्यंत ही मर्मस्पर्शी रचना 'रानी बिटिया' में वात्सल्य भाव का उद्रेक अपने चरम पर है—

रानी बिटिया जब कुटिया में बड़े भाग्य से आती।
कोने-कोने में वाणी की तब वीणा बज जाती।
सारे घर की निधि बन जाती, पर घर की यह थाती।
बीरन भैया के हाथों से है राखी बँधवाती॥

कलाधर जी ने अपनी रचनाओं को बृहद आयाम देने के लिए प्रबंध काव्य की दोनों विधाओं—महाकाव्य और खंडकाव्य को भी अपनाया है। अभावों और कष्टमय जीवनयापन के साथ-साथ तमाम अंतर्विरोधों में भी अपने को सक्षमता के साथ समाज

में स्थापित कर लेनेवाले रामकथा के अमर गायक महाकवि गोस्वामी तुलसीदास जी के संबंध में कुछ न लिख पाने का लोभ कवि कैसे संवरण कर सकता था? कवि ने गोस्वामी तुलसीदास के संघर्षमय जीवन की गाथा अपने महाकाव्य 'तुलसीदास' में करने का प्रयास किया है। कवि कलाधर इसको इक्कीस सर्गों में लिखना चाहते थे, परंतु जीवन की सांध्य वेला ने ऐसा संभव नहीं होने दिया। सर्गबद्धता सोलह सर्गों तक ही क्रमिक रूप में है। अन्य सर्गों की कथा का संकलन क्रमबद्ध नहीं है।

'तुलसीदास' की रचना कवि ने भोजपुरी में की है। इस महाकाव्य में कवि ने गोस्वामी जी का जन्मस्थान बस्ती जनपद के दक्षिणांचल में स्थित 'गाना' नामक ग्राम के मिश्र वंशीय ब्राह्मण परिवार में होने को सिद्ध करने का प्रयास किया है जो उपहासास्पद-सा लगता है। गोस्वामी जी के जन्मस्थान के विषय में राष्ट्रीय स्तर के विद्वानों ने जिन स्थलों को गोस्वामी जी के जन्मस्थान के विषय में मान्यता प्रदान की है, उससे इतर बस्ती के गाना नामक ग्राम को सिद्ध करने का प्रयास विद्वत समाज को स्वीकार्य नहीं है। मूलत: ब्रजभाषा और खड़ी बोली के कवि होने के कारण कलाधर जी को इस काव्य में भोजपुरी के प्रयोग में भी सफलता नहीं मिली है। कलाधर जी का यह महाकाव्य एक वर्णनात्मक प्रबंध-सा लगता है, जिसमें भाषा का शैथिल्य, विषय-वस्तु की नीरसता तथा काव्यात्मक कौशल का अभाव प्राय: दिखाई देता है। फिर भी कलाधर जी का यह प्रयास सराहनीय है।

इस महाकाव्य के प्रथम सर्ग में गोस्वामी जी की जन्मभूमि एवं उसके संबंध में अनेक मत-मतांतरों से संबंधित कवि का कथन दर्शनीय है--

चाहे महाकवि केहू चाहे समालोचक हो,
तुलसी से ना ही महान कवि माने ला।
पूछे लैं सहृदय से सारा जग झूम-झूम,
मानस के घोरि-घोरि राम रस छानै ला।
अवध के पास ही जनमभूमि केहु कहै,
राजापुर, सोरों का बितान केहू ताना ला।
कैंलें अन्वेषण भला ऊ बताई काव?
तुलसी के जनम भूमि केहू नाहीं जाना ला।

कवि कलाधर जी ने अपने साहित्य सृजन में प्रबंध काव्य की दूसरी विधा अर्थात खंडकाव्य के रूप में 'शबरी' की रचना की है जो मात्र बीस घनाक्षरियों के

माध्यम से सृजित है। इसीलिए इसे लघु खंडकाव्य कहा जा सकता है। कवि की यह रचना भक्तिभाव से संपृक्त और शांत रस की प्रधानता से युक्त है। 'शबरी' में भावों की सघनता, तीव्र अनुभूतियाँ, सामाजिक कुरीतियों के प्रति विद्रोह के साथ-ही-साथ भक्ति और साधना की महत्ता का प्रतिपादन किया गया है। रामकथा में शबरी एक ऐसी नारी-पात्र है, जिसकी अनन्य भक्ति से प्रभावित होकर भगवान श्रीराम अपने अनुज लक्ष्मण के साथ स्वयं उसके पास आते हैं और नवधा भक्ति का उपदेश करते हैं। शबरी राम भक्ति में लीन व उनसे मिलने के लिए इतनी उत्कंठित है कि उसके आश्रम में कहीं भी कोई आहट होने पर वह अपने प्रभु श्रीराम के आगमन का आभास करने लगती है। कलाधर जी ने इस रचना के माध्यम से भक्तों का अपने आराध्य के प्रति अनन्य भक्ति और उनके लोकोपकारी स्वरूप का वर्णन करने का स्तुत्य प्रयास किया है। एक पद दर्शनीय है—

आँखें बंद किए कभी राम का लगाती ध्यान,
पातों के खरकने से कभी खोल देती है।
कभी घनश्याम को गगन में बिलोकते ही,
आँसुओं के हार उन्हें अनमोल देती है।
कभी देख लेती जो तमाल वृक्ष बन बीच,
आओ राम आओ अनायास कह देती है।
भूखे और प्यासे हुए बनवासी राम प्रति,
जब भी देखो तभी शांत रस घोल देती है।

इस खंडकाव्य के वर्णन में प्रत्येक छंद अपने रस परिपाक और भावोद्रेक में अनूठा है। राम-काव्य परंपरा में जटायु जी के अतिरिक्त शबरी ही एक ऐसी पात्र है, जिसकी भक्ति भगवान को स्वयं उसके पास आने को विवश कर देती है। कवि का यह भाव इस प्रकार है—

ऋषियों के मुनियों के ध्यान में जो आते नहीं,
शबरी के धाम वही राम चले आते हैं।
जिनके चरण अति कमल से कोमल हैं,
बन बीच वही छबि-धाम चले आते हैं।
पड़े रह जाते नित जिनके जरूरी काम,

देखो वही आज बना काम चले आते हैं।
क्यों न चले आएँ वे हैं दीनबंधु दयाधाम,
इसीलिए लोग लिये नाम चले आते हैं।

कलाधर जी के रचना-काल के समय देश की तत्कालीन परिस्थितियाँ प्रतिकूल थीं। विदेशी साम्राज्य की जंजीरों में जकड़ी भारत माता कराह रही थी। ऐसे संक्रमण-काल में देश की जनता अपनी मातृभूमि को स्वतंत्र कराने के लिए लालायित थी। 'द्विवेदी युग' के अधिकांश कवियों ने अपने इस राष्ट्रीय दायित्व को समझा। फलतः कलाधर जी के काव्य में भी इस राष्ट्रीय चेतना के भाव प्रमुख रूप से वर्णित हैं। उन्होंने राष्ट्रीय जनमानस को राष्ट्र के प्रति समर्पित हो जाने के आह्वान को 'झाँसी की रानी' तथा 'प्रताप का आतंक' जैसी वीर रस प्रधान रचनाएँ दीं। वीर रस प्रधान रचनाओं के माध्यम से भारत के वीरों की शौर्य-गाथा के माध्यम से हताश, निराश और किंकर्तव्यविमूढ़ भारतीय युवाओं की चेतना में उत्साह का संचार करने का वे प्रयास करते हैं। 'झाँसी की रानी' कविता में वे वीरांगना महारानी की वीर रस प्रधान भाव को ह्यूरोज नाम के अंग्रेज सेनापति को ललकारती हुई कहती हैं—

ऐ रे ह्यूरोज! खोजता क्यों रोज-रोज मुझे,
घुसने न दूँगी तुझे झाँसी से नगर में।
तेरा खून चूसने को मेरा खून खौल रहा,
झूमती हूँ चंडिका-सी डगर-डगर में।
धस-घस के समान मुझे काट दूँगी,
पाट दूँगी सारा रण-क्षेत्र क्षण भर में।
भले की 'कलाधर' तूँ युद्ध का खिलाड़ी बने,
सपने में भी आना मत सामने समर में।

कवि की दूसरी वीर रस प्रधान रचना 'प्रताप का आतंक' है, जिसमें महाराणा प्रताप के बलिदान, शौर्य, प्रताप और वीरता का चित्रण कवि ने बखूबी किया है। एक पद प्रस्तुत है—

बोले महाराणा अब बस में नहीं है तन,
बाँसों ही उछल जाता अपने ही आप है।
थर-थर देखो धरा काँपती 'कलाधर' हैं,

कहर मचाती आज चेतक की टाप है।
चूर-चूर कर उसे धूर में मिला दूँ अभी,
कहाँ है दिखाओ जहाँगीर का जो बाप है।
घाटी में घुसा तो नहीं, दिल्ली को भगा तो नहीं,
किसी ने कहा तो नहीं 'आ रहा प्रताप है'।

कवि कलाधर जी का काव्य-संसार इतना वैविध्य लिये हुए और व्यापक है कि समस्त रस अपने अंगों-उपांगों सहित इनके काव्य में समाहित हो गए हैं। इनकी अधिकांश रचनाएँ वीर रस प्रधान होने से कहा जा सकता है कि कवि ने वीर रस को ही अंगी रस के रूप में स्वीकार किया है। देश में अंग्रेजी दासता के विरोध में स्वाधीनता-प्राप्ति के लिए विरोध के स्वर उठते रहते थे। यह विरोध नगर से लेकर ग्राम्यांचल तक फैला था। इस आंदोलन के नेतृत्वकर्ता की एक आवाज पर कोटि-कोटि जन स्वतंत्रता की प्राप्ति के लिए अपने प्राण न्योछावर करने को उद्यत रहते थे। 'बज गया बिगुल' शीर्षक अपनी रचना में कवि का भाव देखिए—

दास्य-भार यह दास बने जो ढोते हैं तूँ ढोने दे,
आल-बाल में तुझे विश्व के नाम बीज पर बोने दे।
हाथ जोड़ता आज 'कलाधर' समय व्यर्थ मत खोने दे,
पराधीनता कलुष कालिमा मातृभाव की बोने दे।
मत रोक अरे मत रोक अरे, बलिदान मुझे अब होने दे।
घर वाले पड़ अगर प्रेम में, रोते हैं तो रोने दे।
मत जगा उन्हें, मत जगा उन्हें, जो सोते हैं, तू सोने दे।
मंडमाल में मुंडमाली को, मेरा मुंड पिरोने दे।

कवि के साहित्य में वीर रस के अतिरिक्त श्रृंगार, शांत, हास्य, करुण, वात्सल्य, रौद्र, भयानक, अद्‌भुत आदि रसों का पूर्ण परिपाक देखने को मिलता है। श्रृंगार के दोनों पक्ष—संयोग और वियोग के अनेक चित्र कवि के काव्य में भरे पड़े हैं। वर्षा ऋतु के सावन महीने में झूला झूलने की कामना से नायिका नायक के साथ झूलते हुए नायक के अंक में आबद्ध होने से उत्पन्न सुख का बखान करते हुए वह अपनी सखी से कहती है—

सावन सुहावन में कसम 'कलाधर' की,
झूला दे झुलाने लगे अंक के हिंडोरे में।

मैंने समझा कि सुख वैसा ही मिला करेगा,
जैसा मिलता था मुझे मृदु अंब कोरे में।
किंतु कहना ही पड़ा, चुंबन न लेना श्याम,
श्यामता की छाप न लगाना अंग गोरे में।
फिर तो उन्होंने अंग ऐसा झकझोरा सखि,
कटि-कटि मरी मैं तो एक ही झकोरे में।

एक रूप गर्विता का अपनी सखी से उसका कथन द्रष्टव्य है—

ससि सम मम मुख कासे सखी, वृथा कहे गुणखानि।
कहाँ 'कलाधर' चंद्र महँ, मंद-मंद मुसकानि॥

नायक के सुदूर प्रवास के समय एक विरहिणी का समर्पण भाव देखें—

दिए मोंहिं बिसारि 'कलाधर' है पर मों सौं न हाय भुलैबो परे।
इक पाती न आवे तऊ नित ही निरमोही के पास पठैबो परे।
बहु दूर बसे तेहि ते अब तो, मन मारि अरी रहि जइबो परे।
पर दीजैं जनाय कृपा करिके, विधना से यही हा मनैबो परे।

कवि की कई रचनाएँ हास्य रस प्रधान हैं। हास्य के साथ-साथ व्यंग्य का भी प्रयोग कवि ने सफलतापूर्वक किया है। हास्य रस से संपृक्त कुछ दोहे दर्शनीय हैं—

अन्न मिलेगा देश को, अतिशय तीनों जून।
व्रत रखने का अति कड़ा, पास करो कानून॥

× × ×

चीनी मिलती यदि नहीं, क्यों होते गमगीन।
चाय बना ली जाएगी, नित्य मित्र नमकीन॥

जैसा कि पूर्व में कहा जा चुका है कि कवि का जन्मस्थान दोआबा क्षेत्र अर्थात दो-आबा या दो नदियाँ—कुआनो और सरयू के मध्य का घिरा हुआ क्षेत्र है। जहाँ पर प्रायः बाढ़ की विभीषिका का भी दंश जनता को सहना पड़ता था। बाढ़ की विभीषिका से अभिशप्त परिवार में एक नन्हा पुत्र अपनी माँ से भोजन की आकांक्षा करता है। कई दिनों से स्वयं ही भूख से तड़प रही माँ की तड़प और बढ़ जाती है। वह अपनी असमर्थता, खीझ, विवशता और अपनी पीड़ा को किस प्रकार पुत्र को

मार-मारकर उसकी भूख को दबाना चाहती है। करुण रस से युक्त कवि की यह रचना द्रष्टव्य है—

बाढ़ नहीं आई यहाँ, अरे! आ गया काल,
तड़प-तड़पकर मर रहे हाय हमारे लाल।
पड़े पलँग पर कह रहे, भूख लगी है भूख,
तृण समान तन मृदुल का, नित्य रहा है सूख।
चुप कर पाती जब नहीं, माँ जिनके ये लाल,
अपने ही तब चपत से, कर देती मुँह लाल।

कलाधर जी ने अपने काव्य में वर्णिक और मात्रिक दोनों प्रकार के छंदों का प्रयोग किया है। वर्णिक छंद के प्रमुख छंद—कवित्त, घनाक्षरी, सवैया, मनहरन, दुर्मिल, किरीट तथा सुंदरी आदि तथा मात्रिक छंद के प्रमुख छंद, दोहा, छप्पय, चौपाई, सरसी, लावनी, ताटंक आदि छंदों का सफलतापूर्वक प्रयोग किया है। ब्रज भाषा में स्नात इकतीस वर्ण के प्रत्येक चरण वाले मनहरन छंद का एक उदाहरण देखिए—

जैहों जबै ब्रज बीच यमुना की बीचिन में,
न्हाई नित रट राधा-कृष्ण लगाइहौं।
वृंदावन, बरसाने, नंदगाँव, गोकुल की,
भू पै लोट-लोट लहालोट होई जाइहौं।

काव्य में अलंकारों का प्रयोग कवि अपने कथ्य की प्रभावपूर्णता एवं सौंदर्य-वृद्धि हेतु करता है। किंतु जब कवि अलंकारों को प्रधानता देकर काव्य-सृजन करता है तो कविता उतनी सरस नहीं हो पाती और उसका भाव पक्ष नीरस भी हो सकता है। कलाधर जी इस काव्य-सत्य को जानते थे। फलतः उन्होंने अपनी कविता में चमत्कारिकता लाने हेतु अलंकारों को महत्त्व नहीं दिया। रस और भाव के वर्णन में स्वाभाविक रूप से अलंकार स्वतः आते गए। उनके काव्य में शब्दालंकार व अर्थालंकार दोनों का उचित समावेश है। शब्दालंकार में प्रमुख रूप से अनुप्रास, यमक, श्लेष आदि तथा अर्थालंकार में उपमा, रूपक, उत्प्रेक्षा, संदेह, प्रतीप, असंगति, लोकोक्ति, अतिशयोक्ति आदि अलंकार कलाधर जी के काव्य-संसार में देखने को मिलता है।

इस प्रकार देखते हैं कि छायावादोत्तर कवियों की श्रृंखला व 'सनेही मंडल' के कवियों में कवि कलाधर जी महत्त्वपूर्ण स्थान रखते हैं। उनके साहित्य में भारतीय

जनमानस में स्वतंत्रता-प्राप्ति के प्रति भावना जागृत करने तथा देश-हित में अपना सर्वस्व समर्पण के भाव भरे हुए हैं। उनके काव्य में ग्रामीण परिवेश से लेकर वैश्विक क्षितिज को संस्पर्श करते हुए भाव भरे पड़े हैं। उनके काव्य में धान रोपनेवाली मजदूरनी, देश की सीमा में डटे जवान, सफेदपोश राजनेताओं के काले कारनामें को उजागर करने के भाव भी सन्निहित हैं। इतना ही नहीं, गरीबी, अशिक्षा, महँगाई, भ्रष्टाचार से कराहती सामान्य जनता की पीड़ा को भी वे निरूपित करते हैं। उन्होंने अपने काव्य में क्लिष्टत्व की अपेक्षा सरलता को ही चुना है। अपने भावों के प्रेषण के लिए हिंदी, फारसी, तुर्की, अरबी, अंग्रेजी, ब्रजी, अवधी, भोजपुरी, मैथिली आदि के शब्दों के साथ-साथ वाक्यांश, मुहावरों, कहावतों और लोकोक्तियों का सहज रूप में वे खुलकर प्रयोग करते हैं। शृंगार, हास्य, करुण और वीर रसों को अपने काव्य में रस परिपाक के उदास धरातल पर पहुँचाने में कवि सिद्ध हैं। वे प्राचीनता के प्रति समंदर और नवीनता के प्रति उत्साह के भाव को सँजोए हुए हैं। अपनी सनातन संस्कृति के संरक्षण के प्रति आग्रही हैं। उनकी रचनाएँ राष्ट्रप्रेम के भाव से ओतप्रोत हैं। कलाधर जी की काव्य-यात्रा उनकी दुर्दम जिजीविषा को रूपायित करती हुई आदमीयत की तलाश की ओर एवं मानवीय गुणों से युक्त समाज निर्मित करने की ओर इंगित करती हैं।

सूर्यनारायण शुक्ल और माहेश्वरी तिवारी जनपद की कुछ अन्य साहित्यिक विभूतियाँ हैं।

सूर्यनारायण शुक्ल का जन्म 26 जनवरी, 1942 को परसा शुक्ल (जनपद बस्ती), संत कबीर नगर में हुआ था। आपकी अनेक रचनाएँ प्रकाशित हो चुकी हैं जिनमें प्रमुख हैं— 'हार मेरी जीत मेरी', 'रमली', 'नादानी कच्ची उम्र की' आदि।

माहेश्वरी तिवारी का जन्म 22 जुलाई, 1939 को जनपद बस्ती के मलौली गाँव (अब संत कबीर नगर) में हुआ था। उनके चार गीत संग्रह प्रकाशित हैं—'हरसिंगार कोई तो हो', 'फूल आए कनेरों में', 'नदी का अकेलापन', 'सच की कोई शर्त नहीं'।

अध्याय : 9

स्वाधीनता संग्राम, महात्मा गांधी और बस्ती संत कबीर नगर के परिप्रेक्ष्य में

हरैया (बस्ती), से अयोध्या (फैजाबाद) जाते समय एकदम सड़क पर ही छावनी बाजार पड़ता है। इस बाजार के नाम में इसका इतिहास बोलता है। 1857 में अंग्रेजों ने यहीं अपनी छावनी लगाई थी स्वतंत्रता सेनानियों का दमन करने के लिए। बाजार के बीचोंबीच में गुजर रहे राष्ट्रीय राजमार्ग 58 के उत्तर में खड़ा है पीपल का वह पेड़, जो यहाँ के इतिहास का गवाह है। इस पीपल का तना और शाखाएँ आज कमजोर हो रही हैं और उसके बगल का आम का पेड़ गिर चुका है लेकिन तब वह इतना मजबूत था कि अंग्रेजों का अत्याचार सह सके। इन्हीं पेड़ों पर अंग्रेजों ने भारत के प्रथम स्वतंत्रता संग्राम के 500 क्रांतिकारियों को बिना मुकदमा चलाए फाँसी पर लटकाया था। बस्ती के बहादुरी की यह कथा तब शुरू होती है, जब वह गोरखपुर जनपद की एक तहसील थी। उसे जिले का दर्जा तो 1865 में मिला।

स्वतंत्रता सेनानी नारायण दीन

शर्मा जी को गुजरे हुए बीस वर्ष से ऊपर हो गए। वे बस्ती पक्के पर स्वतंत्रता सेनानी भवन में रहते थे और गाँव आते-जाते रहते थे। उनका नाम हरैंया बाजार के बभनान बस्ती तिराहे पर सरकार की ओर से लगवाए गए एक पत्थर पर लिखा हुआ था। बाद में वह पत्थर तोड़ दिया गया। गाँव के लोग उन्हें महत्त्व नहीं देते थे। वजह थी उनका शूद्र होना। उन्होंने शूद्र के कलंक को मिटाने की बहुत कोशिशें कीं लेकिन समाज उन्हें श्रेष्ठ या सम्माननीय मानने को तैयार नहीं था। उलटे उनके सांस्कृतीकरण के प्रयासों से समाज का उच्च वर्ण चिढ़ता था। नारायण दीन शर्मा

ने अपने को उच्च वर्ण का घोषित कर दिया था। बढ़ई जाति का होने के बावजूद उन्होंने अपने नाम के साथ ब्राह्मणों का उपनाम शर्मा जोड़ लिया था और स्वयं जनेऊ पहनने लगे थे। इसका गाँव के उन सवर्णों में विरोध था, जिन्होंने आजादी की लड़ाई में कोई हिस्सा नहीं लिया था। बताते हैं कि एकाध बार उन पर हमला भी हो चुका था, लेकिन वे रामायण, महाभारत और वेद-शास्त्र का अध्ययन करते रहते थे। बीच-बीच में संस्कृत के श्लोक भी बोलते थे। इससे भी ज्ञान पर अपना अधिकार समझनेवाले पंडित-पुरोहित चिढ़ते थे।

बस्ती जिले की सीमा पर बहती सरयू के उस पार अयोध्या तो है ही, जहाँ रामनवमी, देव उठावनी, कार्तिक पूर्णिमा और सावन के झूले के समय भारी भीड़ जमा होती है। वैसे तो अयोध्या में हर रोज मेला लगा रहता है लेकिन छावनी के इस पीपल के वृक्ष के आसपास मैंने कोई मेला और कार्यक्रम नहीं देखा और न सुना। "शहीदों की चिताओं पर लगेंगे हर बरस मेले, वतन पर मरनेवालों का बाकी निशां होगा" यहाँ कुछ बेमानी-सी होती लगती है।

यह बस्ती कभी सरसब्ज हुआ करती थी। लेकिन इसे उजाड़ा उन औपनिवेशिक शासकों ने, जिन्हें आजादी के दीवानों के खूबसूरत सपने पसंद नहीं थे।

दरअसल छावनी बाजार में खड़े इस पीपल के पेड़ की कहानी उस पेड़ से बँधी नहीं है। वह भी तमाम कहानियों की तरह इतिहास के दिक् काल में घूम रही है। इस पेड़ की कहानी का एक सिरा छावनी से एक किलोमीटर दूरी पर कभी आबाद रही अमोढ़ा रियासत से जुड़ता है। हमने अपने गाँव के चौपाल पर अमदनपुर के गौरी पांडेय के मुँह से आल्हा की ललकार सुनी है। वे उसमें गाया करते थे कि 'तपे अमोढ़ा में जालिम अंग्रेज खपड़ाडीह तपे हरपाल।' उससे मेरे दिमाग में यही छवि बनती थी। जालिम सिंह बड़े जालिम थे और उनसे उनकी रिआया बड़ी पीड़ित थी, लेकिन कहानी कुछ और ही है। कई लेखक एवं कुछ पत्रकारों ने जालिम सिंह को 1857 का नायक बताया है। हमने कई ब्लाग देख लल्लनटाप वगैरह में कुछ लेख ऐसे पाए, जिसमें कहा गया है कि रानी तलाश कुँवरि व जालिम सिंह ने 1857 में बड़ी बहादुरी से अंग्रेजों का मुकाबला किया था।

अरविंद कुमार सिंह अमोढ़ा की रियासत का सजरा पंडित वंशीधर शास्त्री के पास से प्राप्त करते हैं। पंडित वंशीधर शास्त्री अमोढ़ा रियासत के राजपुरोहित थे। उन्होंने ही श्रमसाध्य काम करके शोध किया है। शास्त्री जी के अनुसार अमोढ़ा में 27 पीढ़ियों तक सूर्यवंशी राजाओं का राज था। अमोढ़ा रियासत में 24वीं पीढ़ी

में जालिम सिंह नाम के बहुत प्रतापी राजा हुए थे। उन्होंने 1732 से 1776 तक राज किया। इस वंश की 26वीं पीढ़ी में राजा जंग बहादुर हुए, जिन्होंने 1852 तक रियासत की कमान सँभाली। राजा जंग बहादुर का निधन 71 साल की उम्र में हुआ और तब वे नि:संतान थे। उन्हीं की रानी तलाश कुँवरि ने रियासत की बागडोर सँभाली और लार्ड डलहौजी की राज हड़प करने की नीति की चपेट में आ गईं।

बस्ती की लक्ष्मीबाई : इन्हीं रानी तलाश कुँवरि को बस्ती की लक्ष्मीबाई कहा जाता है। विडंबना यह है कि प्रथम स्वतंत्रता संग्राम के राष्ट्रीय फलक पर रानी को यह सम्मान आज भी नहीं मिल पाया है। रानी का पुण्य स्मरण बस्ती के रहनुमाओं ने उस समय किया, जब बस्ती जिले के महिला अस्पताल का नाम 'तलाश कुँवरि' रखा और अस्पताल के परचों में उनका नाम छपने लगा, लेकिन बस्ती जिला और भारतवर्ष इस वीरांगना की साहसिक कथाओं से आज भी वंचित है। रानी तलाश कुँवरि का उल्लेख वे लोग जरूर करते हैं जो बस्ती से जुड़े हैं और जिनका गाँव अमोढ़ा के आसपास है, लेकिन इतिहास की प्रसिद्ध किताबों से वे नदारत हैं।

रानी तलाश कुँवरि का उल्लेख करते हुए अरविंद कुमार सिंह लिखते हैं—रानी 1853 में राजगद्दी पर बैठीं। उनका राज 2 मार्च, 1858 तक चला। वे नि:संतान थीं। अंग्रेज उनकी रियासत पर कब्जा करना चाहते थे। उन्होंने उनके शासन के लिए तमाम तरह की दिक्कतें खड़ी कीं। रानी ने अपनी सांगठनिक क्षमता का प्रदर्शन करते हुए बस्ती-फैजाबाद का सड़क मार्ग और घाघरा के रास्ते जानेवाला जलमार्ग बंद कर दिया। उनकी इस कार्रवाई से अंग्रेज बहुत चिढ़े। रानी को स्थानीय किसानों के साथ अपनी सूर्यवंशी बिरादरी का समर्थन मिला। पास में स्थित शाहजहाँपुर के गाँव वालों ने अंग्रेजों की छावनी पर हमला कर दिया। इसी हमले के बाद गाँव का नाम 'गुंडा कुँवर अरविंद कुमार सिंह का गाँव' हो गया।

बताते हैं कि गाँववालों ने रानी के शव को कुलदेवी समया भवानी के चौरे पर दफना दिया। अंग्रेजों ने उनके शव की बहुत छानबीन की लेकिन वे कुछ पता नहीं लगा पाए। देश आजाद होने के बाद वह स्थल रानी का चौरा के नाम से मशहूर हो गया। 1980 तक वह चौरा रहा और लोग वहाँ श्रद्धा सुमन चढ़ाते रहे। लेकिन 1980 में वहाँ भवानी का मंदिर बनाने के बहाने चौरा गायब कर दिया गया। यह एक ऐसी कथा है जो यह बताती है कि पूर्वी उत्तर प्रदेश के इस इलाके में ऐतिहासिक व्यक्तियों से ज्यादा धार्मिक और मिथकीय पात्रों का स्मरण और

आदर किया जाता है। मौका पड़ने पर ऐतिहासिक पात्रों को मिथकीय पात्रों में विलीन कर दिया जाता है।

रानी तलाश कुँवरि की साहसिक भूमिका की तलाश 1997 में बस्ती मंडल के आयुक्त विनोद शंकर चौबे ने की थी। उन्होंने ही आगे बढ़कर अमोढ़ा में रानी की मूर्ति स्थापित करवाई और जिला महिला चिकित्सालय का नामकरण वीरांगना रानी तलाश कुँवरि महिला अस्पताल, बस्ती करवाया। इसमें बस्ती के वरिष्ठ पत्रकार मजहर आजाद का भी बड़ा योगदान है। उन्होंने रह-रहकर इस मामले को लगातार उठाया। इन्हीं प्रयासों में अमोढ़ा रियासत के स्वाधीनता संग्राम में योगदान की कथा बुनी जाती रही। अमोढ़ा रियासत से फिल्मी कलाकार अमिताभ बच्चन के दादा प्रताप नारायण श्रीवास्तव का भी संबंध बताया जाता है। वे किसी समय इस रियासत के कर्मचारी थे। इसका उल्लेख हरिवंश राय बच्चन ने अपनी आत्मकथा 'क्या भूलूँ क्या याद करूँ' में किया है कि मेरा बचपन अमोढ़ा से जुड़ा हुआ था। अमोढ़ा की इस अनदेखी का कारण पूरे 1857 की कहानी से जुड़ा हुआ है। उसके पीछे सत्तर साल की दहशत थी जो अंग्रेजों के दमन से कायम हुई थी।

लेकिन अमोढ़ा से निकली संघर्ष की गाथा रानी तलाश कुँवरि की जीवन-लीला के साथ समाप्त नहीं होती। रानी के बलिदान से उनकी बिरादरी और समर्थकों ने हार नहीं मानी। छावनी के पास 17 अप्रैल, 1858 को एक बड़ी बैठक हुई। बैठक में सूर्यवंशी परिवारों ने बड़ी तादाद में हिस्सा लिया। बैठक में जिन प्रमुख लोगों ने भाग लिया, उनके नाम हैं—रामगढ़ के धर्मराज सिंह, बभनगाँवा के अवधूत सिंह, गुंडा कुँवर के सुग्रीव सिंह, बेलहारी के ईश्वर शुक्ल, घिरौली बाबू के कुलवंत सिंह, हरिपाल सिंह, बलबीर सिंह, रिसाल रियासत के रघुवीर सिंह, सुखवंत सिंह, रामदीन सिंह, चनोखा के जयनारायण सिंह, अटवा के प्रताप सिंह, जौनपुर के सरदार सुहेम सिंह, मुशरफ खान, गोंडा के भवन सिंह, करनपुर पैकोलिया के रामजियावन सिंह और दौलतपुर के लखपत राय। यह लोग अंग्रेजों से मोर्चा लेने की तैयारी कर रहे थे कि लेफ्टिनेंट कर्नल हगवेड फोर्ट ने धावा बोलकर धर्मराज सिंह को पकड़ लिया।

कर्नल फोर्ट ने धर्मराज सिंह की कमर में कँटीला तार बाँधा और उन्हें घोड़े से खींचने लगा। इस खींचाखींची में उनकी कमर से लटकी कटार गिर गई। उसने धर्मराज सिंह से कहा कि उसकी कटार उठाकर उसे दे दे। धर्मराज सिंह ने मौका देखा और कटार फेंककर कर्नल फोर्ट को मार गिराया। बाद में अंग्रेजों ने धर्मराज

सिंह को भी फाँसी दे दी। छावनी में ही कर्नल हडवेट फोर्ट की कब्र है और देश आजाद होने के बाद उसी के बगल में धर्मराज सिंह की समाधि भी बनाई गई।

रानी तलाश कुँवरि के इस संघर्ष में अगर अयोध्या की रियासत और बस्ती के अमोढ़ा रियासत ने अंग्रेजों का साथ दिया था तो गोंडा के राजा देवीबख्श सिंह ने क्रांतिकारियों का साथ दिया था। घाघरा के किनारे लमती लोलपुर में जो लड़ाई हुई थी वहाँ इन लोगों ने अंग्रेजों के छक्के छुड़ाए थे। इस लड़ाई में एक और नाम जुड़ता है और वह है गोरखपुर के नवाब नाजिम मोहम्मद हसन का। वह गोरखपुर का नाजिम था, यानी उसके पास वहाँ की राजस्व वसूलने की जिम्मेदारी थी। मोहम्मद हसन अपने 4000 सैनिकों के साथ जब अमोढ़ा पहुँचा और रानी की सेना ने उसके सहयोग से मोर्चा सँभाला तो कर्नल रोक्राफ्ट भाग खड़ा हुआ। घटना अप्रैल 1858 की है, जब रोक्राफ्ट कड़ा विरोध देखते हुए कप्तानगंज लौट आया। नाजिम हसन का उल्लेख भी सभी प्रमुख इतिहासकारों ने किया है।

जाने-माने इतिहासकार और अट्ठारह सौ सत्तावन जैसी प्रसिद्ध पुस्तक के लेखक सुरेंद्र नाथ सेन ने मोहम्मद नाजिम हसन के दोहरे चरित्र का उल्लेख किया है। उनके अनुसार—नाजिम हसन अंग्रेजों से लड़ा जरूर, लेकिन उसने ईसाइयों पर जुल्म और उनका कत्ल नहीं किया। इसी कारण बाद में उसकी अंग्रेजों से सुलह हो गई। जब लार्ड क्लाइव ने अवध में अपना अंतिम युद्ध शुरू किया तो गोरखपुर के डिप्टी मजिस्ट्रेट शेख खैरुद्दीन और सैयद मोहम्मद हसन के बीच बराबर पत्र-व्यवहार चलता रहा था। गोरखपुर में अंग्रेजी राज में मिलने से पूर्व वह थोड़े समय के लिए नाजिम था। खैरुद्दीन ने अपने दिनांक 13 नवंबर, 1858 के पत्र में भूतपूर्व नाजिम को लिखा, "विद्रोहियों को अपना वर्तमान व्यवहार छोड़ देना चाहिए, क्योंकि इससे उनका विनाश हो जाएगा। महामहिम साम्राज्ञी की घोषणा में, जो इस महीने में जारी की गई है, सबको क्षमादान देने की बात कही गई है। इससे तुम्हें पता चलेगा कि केवल वही व्यक्ति जो अंग्रेज अधिकारियों या उनकी प्रजा की हत्या के अपराधी हैं, दंड के योग्य माने जाएँगे। इन परिस्थितियों में तुम्हें सोचना चाहिए कि विद्रोहियों के साथ रहने में तुम्हें किसी प्रकार के लाभ की आशा नहीं हो सकती। यदि तुम उनके साथ रहोगे तो या तो पकड़े जाओगे या मार दिए जाओगे।"

मुहम्मद हसन ने जवाब में लिखा, "मैंने किसी अफसर या प्रजा जन को नहीं मारा है। यद्यपि यूरोपीय अफसरों और उनके सिपाहियों ने हजारों निरपराध और निरीह लोगों को मारा है, जिसमें स्त्रियाँ, बूढ़े और भिखारी भी थे। उन्होंने उनके

मकानों को जलाया है और उनकी संपत्ति को लूटा है।" हसन ने लिखा, "खुदा जो शक्तिशाली है और सबका रक्षक है, सर्वशक्तिमान है। यदि शत्रु शक्तिशाली है तो खुदा उससे भी अधिक शक्तिशाली है। वह चाहे तो बलवान को कमजोर बना दे और कमजोर को बलवान बना दे। जिसको वह चाहता है, ऊपर चढ़ता है, जिसको चाहता है नीचे गिरता है। मुझे न पकड़े जाने का भय है और न ही मारे जाने का। यदि दुर्भाग्यवश मैं पकड़ा गया तो मेरे लिए डरने की कोई बात नहीं, क्योंकि घोषणा के अनुसार मुझे किसी तरह का दंड दिया नहीं जा सकता। दूसरी ओर यदि मैं युद्ध करते हुए अपने मजहब और बादशाह के लिए मारा गया, तो मुझे दोनों लोकों का सुख मिलेगा।" मोहम्मद हसन को बाद में अधीनता स्वीकार करने के लिए तैयार कर लिया गया। दो सौ रुपये का मासिक भत्ता उसके लिए पर्याप्त समझा गया और उसे सीतापुर जिले में रहने का आदेश दे दिया गया।

अमरेश मिश्र ने अपनी प्रसिद्ध पुस्तक 'वार ऑफ सिविलिजेशंस : द लांग रिवोल्यूशन, इंडिया एडी 1857' में बस्ती जिले के क्रांतिकारियों के गठजोड़ और उनकी लड़ाई का वर्णन कुछ इस तरह किया है—

"इस तरह बस्ती और गोंडा अर्ध-स्वतंत्रता की भावना से विद्रोह के लिए प्रेरित हो रहे थे। मई-जून, 1857 के दौरान महुआ डाबर, कप्तानगंज और खलीलाबाद जो कि ब्राह्मण और मुस्लिम प्रभाव वाले इलाके थे, वहाँ छोटी-छोटी बगावतें हुईं। जब 17वीं बीएनआई की बस्ती टुकड़ी ने शाही खजाने को लूटा तो चमारों और अहीरों ने निलहों पर हमला किया। बस्ती की रानी और बाँसी के राजा ने अंग्रेजों के प्रति खैरख्वाही दिखाई तो नगर के सरदार और अमोढ़ा की रानी ने बहादुर शाह जफर को अपना बादशाह स्वीकार किया।"

गांधी युग में इस क्षेत्र में हलचल

पूरे देश की आत्मा को जगानेवाले महात्मा गांधी का गोरखपुर आगमन 8 फरवरी, 1921 में ही हो गया था। इस कारण पूरे पूर्वांचल में उनकी मिथकीय उपस्थिति उत्पन्न हो चुकी थी। तमाम तरह की किंवदंतियाँ भी उनके नाम से चल रही थीं। अवतारी परंपरा में विश्वास करनेवाले भारतीय समाज अपनी कल्पना में जगह-जगह गांधी के दर्शन कर रहा था। गांधी के संदेशों को लोग अपने-अपने ढंग से समझ रहे थे। लोग आजादी की तड़प महसूस करने लगे थे,

लेकिन वे सत्य और अहिंसा का मतलब नहीं जान पाए थे। यही वजह थी कि 8 फरवरी, 1922 को चौरी-चौरा में जिस तरह की हिंसा भड़की, उसके कारण गांधी ने अपना असहयोग आंदोलन वापस ले लिया, लेकिन अपने आंदोलन के पहले चरण में महात्मा गांधी जी बस्ती नहीं आ पाए थे। उनका बस्ती आगमन आठ वर्षों बाद यानी 1929 में हुआ, जब उन्होंने सविनय अवज्ञा आंदोलन शुरू किया। इस आंदोलन का निर्णय अप्रैल, 1929 में लाहौर में हुए कांग्रेस अधिवेशन में लिया गया था। इसमें सरकारी दफ्तरों में कामों का बहिष्कार करने का फैसला लिया गया था। विदेशी वस्तुओं का बहिष्कार तथा उनकी होली जलाने का निर्णय लिया गया था और नमक पर लगे टैक्स के विरुद्ध महात्मा गांधी ने दांडी मार्च किया और स्वयं नमक बनाकर अंग्रेजी राज का कानून तोड़ा।

सविनय अवज्ञा के उसी आंदोलन के दौरान महात्मा गांधी 8-9 अक्टूबर, 1929 को बस्ती आए। इस सिलसिले में चार ग्रंथों में सामग्री मिली, जिनका उल्लेख करना आवश्यक है। पहला ग्रंथ—उत्तर प्रदेश में गांधी, प्रधान संपादक एवं संकलनकर्ता श्रीराम शुक्ल, प्रकाशक—उत्तर प्रदेश गांधी स्मारक निधि सेवापुरी, वाराणसी। दूसरा ग्रंथ है—भारतीय स्वतंत्रता संग्राम में पूर्वी उत्तर प्रदेश का योगदान, डॉ. राजेंद्र राय, अनिल प्रकाशन, खलीलाबाद। तीसरा महत्त्वपूर्ण ग्रंथ है—गांधी वाङ्मय। चौथा ग्रंथ है—सेलेक्टेड सबआल्टर्न स्टडीज...संपादन—रंजीत गुहा, गायत्री चक्रवर्ती स्पीवाक। चौथे ग्रंथ में शाहिद अमीन का लेख 'गांधी एज महात्मा', गोरखपुर डिस्ट्रिक्ट, ईस्टर्न यूपी 1921-22। इस पुस्तक के लिए काफी उपयोगी सिद्ध हुआ है।

इन्हीं ग्रंथों के आधार पर महात्मा गांधी को बस्ती जिले में तलाश किया गया है और उनसे प्रेरित आंदोलन की घटनाओं को जोड़ने का प्रयास किया गया है। गांधी बस्ती जिले के बुजुर्गों की स्मृतियों में हैं। उनमें से एक श्री भगवान प्रसाद त्रिपाठी भी हैं। वे बताते हैं कि जब गांधी जी के लिए लोगों ने उपवास किया था और भिक्षाटन किया था।

इस तरह की बहुत सारी कथाओं का उल्लेख शाहिद अमीन ने अपने लेख 'गांधी एज महात्मा' में किया है। वे लिखते हैं कि गोरखपुर और बस्ती के कई इलाकों में गांधी की आलोचना करनेवालों का अनभल होने लगा। कुछ लोग गांधी की आलोचना करनेवालों को पीटने लगे। कहीं किसी की तबियत बिगड़ गई। यानी गांधी की एक दैवी उपस्थिति उसी समय से पूर्वी उत्तर प्रदेश के लोकजीवन में व्याप्त होने लगी थी।

'भारतीय स्वतंत्रता संग्राम में पूर्वी उत्तर प्रदेश का योगदान' में डॉ. राजेंद्र राय लिखते हैं कि महात्मा गांधी 9 अक्टूबर, 1929 को बस्ती पधारे और उन्होंने हथियागढ़ रेहार के मैदान में एक बड़ी जनसभा को संबोधित किया। उस समय बस्ती जिले से गांधी जी को 5000 रुपये की थैली भेंट की गई। महात्मा गांधी के बस्ती आगमन की पूरी व्यवस्था पंडित सीताराम शुक्ल ने की थी। इंतजाम करने के लिए शुक्ल जी ने ओड़वारे गाँव की अपनी जमीन बेच डाली। उस सौदा से उन्हें 18,000 रुपये मिले और उन्होंने उसे इस रैली में लगा दिया। यह था गांधी को अपने जिले में बुलाने का आकर्षण और यही वह जज्बा था, जिसे गांधी ने पैदा किया था। इसका अर्थ यह कतई नहीं कि लोग गांधी के सत्याग्रह का पूरा अर्थ समझ गए थे। लेकिन यह जरूर है कि वे गांधी के रूप में आजादी की एक जलती हुई मशाल यानी उम्मीद को देख रहे थे और वे उसे लगातार देखते रहना चाहते थे।

गांधी जी 8 अक्टूबर, 1929 को बस्ती में हैं, इसका प्रमाण संपूर्ण गांधी वाङ्मय भी देता है। इसी दिन वे कोलकाता के भूपेंद्र नाथ बनर्जी को पत्र लिखते हैं। उस पत्र के ऊपरी हिस्से में लिखा हुआ है मुकाम बस्ती। वे लिखते हैं—जतिन नाथ दास के अनशन करके देह छोड़ने के मामले पर मैंने चुप रहना ही उचित समझा, क्योंकि मैं यह अनुभव करता हूँ कि इस मामले में मेरा अपने विचारों को लिखना देश के हित के बजाय उसका अहित करना ही होगा।

गांधी जी ने उसी दिन भूपेंद्र नाथ घोष को भी पत्र लिखा और उसमें भी वही बातें लिखी हैं। मुकाम बस्ती के पते से ही 8 अक्टूबर, 1929 को गांधी जी गिरिराज, जयरामदास, दौलतराम, श्रीलंका के ओबीडी सिल्वा और इलाहाबाद विश्वविद्यालय के कुलपति गंगानाथ झा को पत्र लिखते हैं। गांधी जी बस्ती के पते से ही अहमदाबाद में रह रहे जेसी कुमारप्पा को चिट्ठी लिखते हैं। वे बंबई में निवास कर रहे ए.के. फिटर की किताबों के बारे में लिखते हैं। लाहौर की आशा सिंह को लिखते हैं और दिल्ली के ब्रजकिशोर चाँदीवाला को भी।

बस्ती मुकाम से ही गांधी जी ने रेहाना तैयबजी को भी संबोधित किया है। उन्होंने उनके पिता जी की बीमारी के बारे में पूछा है। उस पत्र में भी लिखते हैं कि जतिन दास के अनशन के बारे में जान-बूझकर चुप हूँ, क्योंकि मैं इस उपवास को उचित नहीं मानता। लेकिन मैंने राय प्रकट नहीं की है, क्योंकि अधिकारी उसे तोड़-मरोड़कर पेश करेंगे।

9 अक्टूबर को बस्ती में होते हुए गांधी जी छगनलाल जोशी को पत्र लिखते हैं। वे उसमें लिखते हैं—भाषा विचार व्यक्त करने का कितना निर्बल माध्यम है यह देखकर मैं हँस पड़ा। किसी एक का विश्वास मिले तो भी क्या और न मिले तो भी क्या? किंतु हमें तो पूरे संसार का विश्वासपात्र बनना है। 9 तारीख को ही गांधी जी मनकापुर से गुजर रहे हैं। वहाँ से वे जमनादास गांधी को लिखते हैं। यह पत्र मैं चलती गाड़ी में लिख रहा हूँ। इसलिए पेंसिल से ही लिखा जा सकता है। कम-से-कम कितने रुपये चाहिए और कितनी किस्तों में। वे मनकापुर से ही सिख लीग को संदेश देते हैं—सिख लीग सम्मेलन को शुभकामनाएँ। आशा है लीग सोच-समझकर कांग्रेस का बॉयकाट नहीं करेगी। गांधी जी इसी बीच परिवार के सदस्य गंगा बहन वैद्य को भी पत्र लिखकर पूछते हैं—तुम्हारा वजन कितना है? क्या खाती हो? लक्ष्मी आजकल कैसा व्यवहार कर रही है? रैया का क्या हाल है?

गांधी अगर 9 अक्टूबर को बस्ती में हैं तो 10 और 11 अक्टूबर को गोंडा और बाराबंकी में हैं। इस दौरान उनकी चिंताएँ कांग्रेस संगठन के विभीषण जैसे चरित्र को लेकर है। दस अक्टूबर को वे यंग इंडिया में लिखते हैं—कांग्रेस के कार्यकर्ताओं को नए सदस्यों के संपर्क में रहना चाहिए। उनसे मेलजोल बढ़ाना चाहिए। उसी दिन हिंदी नवजीवन में उनकी एक टिप्पणी प्रकाशित होती है। उसमें गांधी जी लिखते हैं—विभीषण में तो मैं कोई दोष नहीं पाता हूँ। विभीषण ने अपने भाइयों के साथ सत्याग्रह किया था। विभीषण का दृष्टांत हमें यह बताता है कि अपने देश या अपने शासकों के दोषों के प्रति सहानुभूति रखना या उन्हें छिपाना देशभक्ति के नाम को लजाना है। इसके प्रति देश के दोषों का विरोध करना सच्ची देशभक्ति है।

डॉ. राजेंद्र राय लिखते हैं कि सविनय अवज्ञा आंदोलन के दौरान गांधी जी की बस्ती यात्रा का गहरा असर पड़ा। उससे पहले जब 1921 में वे गोरखपुर और देवरिया के दौरे पर आए थे तो पूर्वी उत्तर प्रदेश का जागरण तेज कर गए थे, लेकिन तब चौरी-चौरा कांड हो गया था और जिसे गांधी ने अपनी बड़ी भूल यानी हिमालयी गलती मानी थी। गांधी को लगा था कि वे लोगों को जिस अहिंसा का प्रशिक्षण देना चाहते थे, उसके लिए लोग तैयार नहीं थे। इस बीच आंदोलन वापस लेने का असर यह पड़ा कि उदार, प्रगतिशील और मुस्लिम तबके ने गांधी से किनारा कर लिया। सविनय अवज्ञा आंदोलन में हिस्सेदारी करनेवाला तबका वह नहीं था, जिसने असहयोग आंदोलन में हिस्सा लिया था। तब के मोहम्मद अली शौकत अली अब गांधी के साथ नहीं थे।

लेकिन गांधी को नए साथी और समर्थक मिलते जा रहे थे। जब वे साबरमती आश्रम से दांडी के लिए निकलनेवाले थे, जब उनके नमक आंदोलन के प्रस्ताव से पटेल और जवाहरलाल नेहरू जैसे लोग भी उत्साहित नहीं थे। लेकिन जैसे-जैसे भीड़ बढ़ती गई लोग गांधी के साथ हो चले। इसी नमक आंदोलन का एक विस्तार बस्ती में भी देखा गया। बस्ती कलेक्ट्रेट के अहाते में 6 अप्रैल, 1930 को नमक बनाने का कार्यक्रम रखा गया। इसी तरह का कार्यक्रम कांग्रेस कार्यालय में भी रखा गया। इन कार्यक्रमों का संचालन पंडित जलेश्वर ब्रह्मचारी ने किया। इस मौके पर कलेक्ट्रेट में 2000 सत्याग्रही इकट्ठा हुए।

बाबू शिव प्रसाद गुप्त, आचार्य नरेंद्र देव और राजर्षि पुरुषोत्तम दास टंडन भी आए। इन्होंने लोगों के भीतर साहस भरने का काम किया। लोगों पर इसका असर पड़ा और वे कठिनाइयाँ सहकर भी आजादी के दीवाने बन रहे थे। जिले के प्रमुख कांग्रेसी नेता कृपाशंकर जी को अपने मकान में कांग्रेस का दफ्तर खोलने के जुर्म में एक माह की कैद और 500 रुपये जुर्माने की सजा दी गई। अन्य कांग्रेसी नेताओं—राम पालक, देवकीनंदन, लक्ष्मी सिंह, पंडित सुरेंद्र नाथ पांडेय, रामदास, रामनाथ आदि को छह-छह माह के कैद और जुर्माने हुए।

जुलूस और सभा

महात्मा गांधी के आह्वान पर जिला सत्याग्रह समिति ने बस्ती में विरोध का आयोजन किया। लोगों ने पक्के बाजार तक जुलूस निकाला। स्वयंसेवकों के नेता राम अधार सिंह के नेतृत्व में एक सभा हुई, जिसमें आजादी की लड़ाई तेज करने की अपील की गई। पुलिस ने राम अधार सिंह और चार स्वयंसेवकों को गिरफ्तार किया और उन्हें ले जाकर निर्जन स्थानों पर छोड़ दिया।

उन दिनों विद्यार्थी और युवा भी काफी सक्रिय हो चले थे। बस्ती गवर्नमेंट स्कूल के युवा छात्रों में हंसराज यादव, कल्लू दूबे, झारखंडेय राय मूलतः आजमगढ़ के रहनेवाले थे। वे उन दिनों बस्ती में ही रहकर पढ़ रहे थे, भूपति चौधरी, रामरक्षा पांडेय, प्रकट नाथ, प्रकाश चंद्र पांडे, रामबली मिश्र का नाम प्रमुख है। ये लोग आजादी की लड़ाई का नेतृत्व करते थे और उसके लिए गुप्त बैठकें भी करते थे। उन लोगों में झारखंडेय राय काफी सूझबूझ वाले थे। वे बाद में कम्युनिस्ट पार्टी के प्रमुख नेता हुए और उत्तर प्रदेश की सरकार में मंत्री भी बने।

उन दिनों बस्ती गवर्नमेंट स्कूल के प्राचार्य राम प्रकट पांडे अंग्रेजों की खैरख्वाही में काफी सक्रिय थे। वे रायबहादुर की पदवी पाना चाहते थे। उनके व्यवहार से छात्र काफी ऊब चुके थे। छात्रों ने उन्हें सबक सिखाने की ठानी और उन्हें भरी सभा में जूतों से पीटा।

असहयोग आंदोलन की पृष्ठभूमि

असहयोग आंदोलन की प्रेरणा देने महात्मा गांधी बस्ती तो नहीं आए, लेकिन गोरखपुर, देवरिया और भाटपाररानी में उनका दौरा हो चुका था। उससे पहले वे चंपारण में निलहों के विरुद्ध सत्याग्रह कर चुके थे। गांधी आजमगढ़, जौनपुर, फैजाबाद और पूर्वांचल के दूसरे जिलों में भी दौरा कर चुके थे। बस्ती आज भले सिद्धार्थनगर, संत कबीर नगर और बस्ती नामक तीन जिलों में बँट गया हो, लेकिन 1865 तक वह गोरखपुर जिले की एक तहसील ही था। बस्ती को 1865 में अलग जिले का दर्जा मिला, जो आज मंडल बन चुका है। इसलिए गोरखपुर से बस्ती का रिश्ता सामाजिक, भौगोलिक और प्रशासनिक रूप से पुराना रहा है। अगर पूर्वांचल के अन्य जिलों के विद्यार्थी बस्ती में आकर पढ़ते थे तो बस्ती के विद्यार्थी भी वहाँ जाकर पढ़ते थे। बस्ती के विद्यार्थी गोरखपुर ही नहीं, बनारस तक भी जाते थे। इसलिए चंपारण और गोरखपुर में गांधी के आगमन का असर बस्ती पर न पड़ा हो, ऐसा हो नहीं सकता।

यहाँ एक बात और ध्यान देने लायक है कि गोरखपुर में गोरखनाथ की पीठ होने के कारण और पास में अयोध्या होने के कारण बस्ती हिंदू धर्म के प्रभावों का भी केंद्र रहा है। इसलिए यहाँ के आंदोलन की दिशा कभी देश की आजादी की ओर जाती थी तो कभी हिंदू धर्म की रक्षा की ओर। गांधी के नेतृत्व को इस इलाके में इसी रूप में देखा भी जाता था। गांधी अगर खिलाफत आंदोलन में मुसलमानों को अपने साथ लेते थे तो यहाँ की हिंदू जनता उससे ज्यादा खुश नहीं होती थी। वहीं जब वे गोरक्षा की बात करते थे तो लोगों को अच्छा लगता था। इस तरह बस्ती परिक्षेत्र एक ओर गांधी की साझी विरासत का केंद्र रहा तो दूसरी ओर हिंदी, हिंदू, हिंदुस्तान जैसे आंदोलन का भी।

गोरखपुर में गांधी

शाहिद अमीन लिखते हैं कि महात्मा गांधी 8 फरवरी, 1921 को गोरखपुर आए। उनके साथ मौलाना शौकत अली भी थे। जब उनकी ट्रेन गोरखपुर पहुँची तो हजारों लोग उन्हें देखने को बेताब थे। सामने एक चादर बिछी थी, जहाँ पर पैसों की बरसात हो रही थी। गांधी ने बाले मियाँ के मैदान में जनता को संबोधित किया। वह खिलाफत आंदोलन का दौर था। महात्मा जी ने हिंदू-मुस्लिम एकता का संदेश दिया और अवध के किसानों से हिंसक न होने की अपील की। सभा में ढाई लाख की भीड़ थी। जबकि उस समय गोरखपुर की आबादी सिर्फ 58,000 थी। जाहिर है कि इतने सारे लोग आसपास के जिलों के गाँवों से आए थे। उनमें बस्ती के लोग भी थे। वे जब लौटकर अपने गाँवों को गए तो उन्होंने गांधी की बात और उनकी कथा वहाँ कही।

गोरखपुर उन दिनों रौलट एक्ट और किसान सभा के आंदोलन से ज्यादा प्रभावित नहीं था। महात्मा गांधी ने लोगों के भीतर आंदोलन की चेतना भरने का प्रयास किया। यह यहाँ गांधी को कवर करनेवाले पत्रकार लुई फिशर और विलियम शरर सभी ने लिखा है कि गांधी व्याख्यान अच्छा नहीं देते थे। वे धीरे-धीरे ही बोलते थे। इतनी बड़ी सभा में उनकी बात आखिरी व्यक्ति तक पहुँची होगी, कहा नहीं जा सकता। शरर तो लिखते हैं कि ज्यादातर लोग गांधी को देखने आते थे। इसलिए गोरखपुर की सभा में भी मीलों चलकर हजारों लोग आए थे, वे महात्मा जी के दर्शन करने आए थे। दर्शन की अभिलाषा से आए, लोगों ने गांधी को लेकर तरह-तरह के किस्से गढ़ने शुरू कर दिए। जाकी रही भावना जैसी, प्रभु मूरत देखी तिन्ह तैसी।

लोग गांधी को लेकर काल्पनिक कथाएँ बनाने लगे। किसी ने कहा कि गांधी कलकत्ता और मुलतान में एक साथ देखे गए। लोग कहने लगे कि गांधी जिस अन्न को छू देते हैं वह चार गुना हो जाता है। जाहिर सी बात है कि किसान किसीको नेता तभी मानेगा, जब वह उसकी खेती में बरक्कत करे। इसलिए किसानों से जुड़ी गांधी की ऐसी कहानियाँ गढ़ी जाने लगीं।

गांधी दर्शन को आए लोगों के मनोभावों को समझने के लिए यह वर्णन काफी आवश्यक है। हर स्टेशन पर मर्दों की ही नहीं, घूँघटवाली औरतों की भी भीड़ थी। छात्र बड़ी संख्या में थे। महिलाएँ अपना हार उतारकर दे रही थीं। संन्यासी अपनी कंठी। कहीं हाथ से बुनी चादर भेंट की जा रही थी तो कहीं बाघ की छाल। साथ

में यह भी कहा जा रहा था कि यह बाघ तो हमारे लिए आतंक था। कहीं बंदूक भी दागी गई, गांधी के स्वागत में। कई बार लोग गाड़ी को हरी झंडी इसलिए नहीं देते थे, क्योंकि लोग गांधी के दर्शन कर सकें। लोग बोल रहे थे गांधी और शौकत अली की जय। पुलिस वाले भी गांधी और शौकत अली को प्रणाम कर रहे थे। वे लपककर उनका हाथ छू लेते थे। सीआईडी वाले भी कहते थे हम क्या करें, हम तो पापी पेट के लिए यह ड्यूटी कर रहे हैं। हमसे भी पाँच रुपये ले लो।

उधर गाँवों में लोग महात्मा गांधी के प्रताप की परीक्षा कर रहे थे। 15 फरवरी, 1921 को मौजा महौवा, थाना-मंसूरगंज के सिकंदर साहू ने कहा कि वे महात्मा जी में तब यकीन करेंगे, जब उनके कारखाने में गन्ने के रस का कड़ाह दो हिस्सों में बँट जाए। देखते-देखते उनका कड़ाहा बीच में से दो टुकड़े हो गया।

इसी तरह 18 फरवरी को वसंतपुर गाँव के एक कहार ने कहा कि वे महात्मा जी को तब मानेंगे, जब उनके घर का छप्पर ऊपर उठ जाए। उनका छप्पर दस फुट ऊपर उठ गया। थोड़ी देर बाद छप्पर फिर अपनी मूल स्थिति में लौट आया। इस घटना के बाद कहार ने मान लिया और हाथ जोड़कर कहा कि महात्मा कोई अवतारी पुरुष हैं।

अब कुछ कहानियाँ ऐसी चलीं जो बताती हैं गांधी जी को न माननेवालों का बुरा हो जाता है।

1. बस्ती जिले के उस्का बाजार के गायघाट के पंडित दामोदर पांडेय ने बताया कि एक व्यक्ति ने गांधी को गाली दी तो उसकी पलकें चिपक गईं।
2. चाराघाट के उँचवा गाँव के अभिलाष अहीर ने गांधी को व्यंग्य वचन कहे थे और उसके कारण उनका चार किलो घी खराब हो गया।
3. बेनुआकुटी के मौनी बाबा राम उग्रह दास ने महात्मा गांधी पर कई बार अपमानजनक टिप्पणियाँ की थीं। उससे उनके शरीर से बदबू आने लगी।
4. बस्ती जिले खलीलाबाद तहसील के हरिहरपुर कस्बे में बाबू ज्ञान पाल देव एक बड़ा मंदिर बनवा रहे थे। उन्होंने प्रजा को धमकाया था कि अगर कोई गांधी का नाम लेगा तो उसे पाँच रुपये जुर्माना देना पड़ेगा। 4 अप्रैल, 1921 को रात साढ़े ग्यारह बजे उनके सम्मुख एक चतुर्भुजी आकृति उपस्थित हुई और बोली कि बाबू साहेब अनीति छोड़ दो। मैं शिव का भक्त हूँ। धर्म का पालन करो।

देवदास गांधी आए

अंग्रेजों के अत्याचार को सुनकर जनता के आँसू पोंछने 1922 में महात्मा गांधी के पुत्र देवदास गांधी बस्ती आए। खलीलाबाद की पुलिस ने उनके साथ अशोभनीय व्यवहार किया। उसके बाद 1922 में ही मदन मोहन मालवीय जी भी खलीलाबाद आए और उन्होंने खलीलाबाद में कांग्रेस की स्थापना की। उस समय श्री कैलाश बाबू को जिला कांग्रेस अध्यक्ष और कृपाशंकर जी को मंत्री बनाया गया।

गोरक्षा आंदोलन

वास्तव में असहयोग आंदोलन और रौलेट एक्ट का विरोध पूर्वांचल में उतना तेज नहीं था, जितना पंजाब में था। न ही यहाँ अवध की तरह किसान सभा का आयोजन हुआ था। यहाँ दरअसल गोरक्षा आंदोलन का जोर था। बाद में कांग्रेस पार्टी भी इन्हीं गोरक्षिणी सभाओं के सहयोग से विकसित हुई। बस्ती जिले के बेल्हार तप्पा में हिंदी सभा प्रारम्भ की गई। उस समय 300 लोग मौजूद थे। कोटिया मौजा में 23 अक्टूबर, 1920 को प्रज्ञाचक्षु धनराज शास्त्री ने संस्कार और उपनयन संस्कार पर प्रवचन दिया। वहाँ बलिया के एक ब्रह्मचारी ने गोरक्षा पर जबरदस्त भाषण दिया।

भारत छोड़ो आंदोलन

भारत छोड़ो आंदोलन तक आते-आते बस्ती का जागरण काफी हो चुका था। इस आंदोलन में बस्ती में एक प्रखर गांधीवादी का जन्म हुआ। उनका नाम था प्रभुदयाल विद्यार्थी। वे गांधीवादी कार्यकर्ता, राजनेता और लेखक थे। उनका जन्म 1925 में जोगिया उदयपुर में हुआ था। उन्होंने उस्का बाजार में 1935 में ठक्कर बापा को गांधी जी का संदेश प्रसारित करते हुए सुना। उस समय उनकी उम्र दस साल की थी। वे उस भाषण से इतने प्रेरित हुए कि घर छोड़कर निकल पड़े। वे बस्ती से निकलकर सीधे गांधी जी के वर्धा स्थित सेवाग्राम आश्रम पहुँच गए। इस परिक्षेत्र, बस्ती जिले का कोई ऐसा व्यक्ति नहीं है जिसे गांधी के इतने करीब रहने का सौभाग्य मिला हो।

प्रभुदयाल विद्यार्थी ने भारत छोड़ो आंदोलन में सक्रिय हिस्सेदारी की। वे अंग्रेजों के आगे समर्पण करने को तैयार नहीं थे लेकिन गांधी जी के कहने पर उन्होंने

आत्मसमर्पण किया। विद्यार्थी जी को तन्हाई में रखा गया और यातना दी गई। गांधी जी के हस्तक्षेप के बाद उन्हें रिहा किया गया। विद्यार्थी जी को पूर्वांचल का गांधी कहा जाता है। उन्होंने सेवाग्राम में गांधी के करीब रहते हुए जो कुछ किताबें लिखीं वे चर्चित हैं—देवदूत गांधी, गांधी और अमृत वाणी, बापू के महादेव और सेवाग्राम, महापुरुषों की जीवन झाँकी, दीनबंधु को श्रद्धांजलि। बाद में विद्यार्थी जी उत्तर प्रदेश विधान सभा के सदस्य बने।

स्टेशन फूँके गए

इस दौरान आंदोलनकारियों ने वाल्टरगंज और गौर स्टेशन फूँक दिए। इस कार्रवाई में झिनकू सिंह, भगवान सिंह, हरद्वारी पांडे शामिल थे। उन्हें बीएचयू (काशी हिंदू विश्वविद्यालय) के छात्रों का सहयोग हासिल था। उन छात्रों ने बस्ती में आजादी के आंदोलन को गरमाने में भारी योगदान दिया था। उन्होंने घर-घर अभियान चलाया। उनके अभियान से छात्र प्रेरित हो गए। वाल्टरगंज और गौर में छात्रों का प्रदर्शन इसी की कड़ी था। तमाम लोग पकड़े गए, उन्हें सजाएँ हुईं। राजबहादुर सिंह और रामरतन पाठक ने जनता को उकसाकर हर्रैया बाजार में हड़ताल करा दी। श्यामलाल और श्री छत्र सिंह को गोली मारने का आदेश हुआ। खलीलाबाद और नौगढ़ में लोगों ने टेलीफोन के तार काट दिए। डाकखाना, रेलवे स्टेशन और सरकारी दफ्तरों में तोड़फोड़ हुई। पुलिस ने पूरी आक्रामकता दिखाई। जनता का दमन किया। लोगों पर सामूहिक जुर्माना लगाया गया।

चिताही मंडल के महावीर प्रसाद और बभनान के सूर्य प्रसाद तिवारी को इतना पीटा गया कि कुछ समय बाद घायल अवस्था में उनकी मृत्यु हो गई।

इस दौरान सहजनवाँ ट्रेन डकैती के अभियुक्त बालस्वरूप शर्मा नेपाल की तराई में रह रहे थे। वे वहाँ से लोगों को प्रेरित करते रहते थे। नेपाल की तराई 1857 में भी लोगों की शरण-स्थली बनी थी। वहाँ गोंडा के राजा देवीबख्श सिंह ने भी पनाह ली थी। बाद में उनकी मृत्यु मलेरिया से हुई। बढ़नी के हरीशपति त्रिपाठी डाकखाने का थैला लेकर कूद पड़े थे। वे देवरिया में पकड़े गए।

उधर डुमरियागंज के निवासी काजी जलील अब्बासी लखनऊ विश्वविद्यालय में पढ़ रहे थे। छात्र आंदोलन की अगुआई करते हुए उन्हें 12 नवंबर, 1940 को गिरफ्तार कर लिया गया। वे बाद में विधायक और सांसद बने। व्यक्तिगत सत्याग्रह

करनेवालों में सीताराम शुक्ल, हरिनाथ चौधरी, रामकुमार शास्त्री भी आगे थे। पंडित उदय शंकर को 12 नवंबर को कई महीने की सजा हुई।

हालाँकि बस्ती में महात्मा गांधी का आगमन सिर्फ एक बार हुआ, लेकिन बनारस, गोरखपुर, फैजाबाद और पड़ोस के अन्य जिलों में गांधी के आगमन से यह जनपद अनुप्राणित होता रहा। गोरखपुर के नागरी प्रचारिणी सभा के आंदोलन ने भी देशभक्ति का माहौल बनाने में अपना योगदान दिया। 1914 में यहाँ से ज्ञानशक्ति पत्रिका प्रकाशित हुई। दशरथ द्विवेदी ने 'स्वदेश' और 'कवि' नामक पत्रों का संपादन किया। उन्होंने अपने इस पत्र के माध्यम से गांधी के संदेशों का प्रचार किया। दिसंबर, 1920 में जब कांग्रेस ने नागपुर अधिवेशन में कौंसिल चुनाव बॉयकाट का फैसला लिया तो दशरथ द्विवेदी ने स्वदेश के प्रथम पृष्ठ पर संपादकीय लिखा—

"अरे गोरखपुर मंडल के मतदाताओ, कुछ आत्मसम्मान जगाओ। चापलूसों और दलालों से सावधान। कौन तुम्हारा असली शुभचिंतक है, समझो। महात्मा गांधी, पंडित मोतीलाल नेहरू, पंडित मदन मोहन मालवीय या जो आपके पीछे दौड़कर आपका वोट माँग रहे हैं। बस्ती और गांधी का यह रिश्ता इतना ही नहीं है।"

अध्याय : 10

गांधी और कबीर

विद्वानों और गुणियों के महानगर काशी के एक अनपढ़ बुनकर, एक मस्तमौला फक्कड़ सत्संगी, एक तन्मय भक्त, एक प्रचंड पाखंड भंजक, एक उग्र व्यवस्था विरोधी, एक मुँहफट आलोचक, एक अकारथ तार्किक, एक प्रखर चिंतक, एक कारगर क्रांतिकारी, एक संस्कृत निर्माता, एक परम संत पथ-प्रदर्शक, इतने बहुआयामी जीवनानुभवों से संपन्न लोक-संयुक्त संवेदनशील कवि मेधा कबीर साहब की वाणी और उनकी शिष्य परंपरा पिछले 6 शताब्दियों से भारतीय समाज में सक्रिय है। हर युग में अपने ढंग से उसने उचित भूमिका निभाई है और युग-सत्य की चुनौतियों का सामना किया है। 1934 में महात्मा गांधी अपनी हरिजन यात्रा के दौरान जब कबीर चौरा, वाराणसी में पधारे तो कबीर मठ में उनके मुख से यह सुनकर कि मेरी माता कबीरपंथी थीं, उपस्थित जन समुदाय को विस्मय-सा हुआ था परंतु जो लोग महात्मा गांधी और कबीर की विचारधारा से परिचित हैं, उनके लिए इसमें विस्मय की कोई बात नहीं, क्योंकि वे जानते हैं कि उन दोनों से कितना अधिक साम्य है। उनके लिए तो आश्चर्य की बात यही है कि लोग महात्मा गांधी की विचारधारा का मूल स्रोत ढूँढ़ने के लिए रूस, इंग्लिस्तान और अमेरिका जाते हैं। गांधी के निर्माण में टॉल्स्टॉय, रस्किन और संभवतः लायद गैरिस्मन आदि के विचारों का हाथ रहा है। सही, पर गौण रूप से गांधीत्व की गंगा का गोमुख मूलतः कबीर साहब की शिक्षाओं में है, जिन्हें उन्होंने माता के दुग्ध के साथ पान किया था और जो इसी कारण उनकी नस-नस में व्याप्त है। टॉल्स्टॉय आदि के विचार तो उनके हृदय में सोती हुई उस चिनगारी को सुलगाने-मात्र के कारण रूप है, जिसे उन्होंने अपनी मात्रा के द्वारा कबीर साहब से हृदय में प्राप्त किया था। गांधी की सबसे बड़ी विशेषता जो उन्हें कबीर साहब के साथ ले जाकर रखती है, उनकी आध्यात्मिक प्रेरणा है। वे हमेशा उस परमतत्त्व तक पहुँचने का प्रयत्न करते रहे हैं, जिसे उन्होंने

कबीर के शब्दों में अनिर्वचनीय ज्योति अथवा परम प्रकाश कहा है। इस प्रकार की उन्हें थोड़ी ही सही, झलक अवश्य प्राप्त हो गई थी। उसी परम ज्योति में अपनी जीवन ज्योति को मिला देने का उन्होंने सफल प्रयत्न किया था। उनकी आत्मकथा से यह बात स्पष्ट हो जाती है। उनके सब कामों में वही ज्योति जगमगाती है। उस दुर्बल से शरीर को लोक कल्याण में प्रवृत्त होने की अनंत शक्ति उसी ज्योति के दमन से प्राप्त हुई है।

गांधी दर्शन ने उनको सत्य का सबसे बड़ा समर्थक बनाया है। कबीर साहब की भाँति उनके लिए सत्य ही एकमात्र परमात्मा है। सत्य की अनुभूति के प्रकाश में ही वे जगत की सब बातों को देखना चाहते हैं। उनके लिए कार्य का वही एक मानदंड है। अपने प्रतीक कार्य के लिए उसी की अनुज्ञा चाहते हैं। उसी के भीतरी मंड की ओर वे हमेशा अपने कान लगाए रहते हैं और उसी के आदेश के अनुसार आचरण करने का प्रयत्न करते हैं। फिर चाहे ऐसा करने में सारी दुनिया के विरुद्ध जाना पड़े। इस अभिप्राय से कबीर साहब अपने को 'सत्यनाम का उपासक' और गांधी अपने जीवन को 'सत्य का प्रयोग' कहते हैं।

कबीर की भाँति गांधी जी राम-नाम की महिमा खूब गाया करते थे, परंतु कबीर की भाँति उनका भी राम से अभिप्राय दाशरथी राम से न होकर परम ब्रह्म सत्य राम से है जो आज अनादि और अनाम है। जहाँ कबीर साहब कहते हैं—

दशरथ सूत तिहुलोक बखाना।
राम नाम का मरम है आना॥

वहीं गांधी जी के सेक्रेटरी भी लिखते हैं, "प्रार्थना में गांधी जी का ध्यान निराकार सर्वव्यापी प्रभु की ओर रहता है। राम जिसको वे पूजते हैं, उनकी कल्पना का है, न तुलसी रामायण का, न वाल्मीकि का।" ईश्वर अवतार लेता है अवश्य, परंतु उसी अर्थ में जिसमें प्रत्येक मनुष्य ईश्वर का अवतार है। कबीर साहब का अनुकरण करते हुए गांधी सबके हृदयस्थ परमात्मा की ओर संकेत करते हुए जनमानस के सामने उसके महत्त्व का रहस्य खोल रहे हैं। अटूट लगन और दृढ़ सच्चाई के साथ यह मार्ग सबके लिए सुगम है। मनुष्य को यदि इस तात्त्विक महत्त्व का सच्चा अनुभव हो जाए तो वह कितना ऊँचा उठ सकता है, सच्चे देवलोक को पृथ्वी पर उतार सकता है, सब राम और कृष्ण हो सकते हैं। गांधी का यह व्यवहार और प्रयोगानुमोदित संदेश अन्याय और अत्याचार के लिए खुली ललकार है।

परंतु इसे गर्व और अहंकार को खुलकर खेलने के लिए निमंत्रण नहीं समझना चाहिए। उनमें झूठी मान-मर्यादा का जरा भी विचार नहीं, जो नाममात्र के बड़े आदमियों से जरा-जरा से पापों को छिपाने के लिए बड़े-बड़े पाप करवाती है। वे तो हिमालयाकार गलतियों को स्वीकार करने में भी नहीं हिचकते। वास्तविक विनय की अनुभूति के साथ ही उसे सीखना और काम में लाना चाहिए। समाज को कँपा देनेवाली धमकी गांधी जी घुटने टेककर देते हैं। यह मुँह से कहना तो आसान है, किंतु इसकी वास्तविक कठिनाई तब जान पड़ती है, जब अपने भेजे की भूखी लाठी धुन की लाई तलवार, प्राणों की ग्राहक गोली तथा इसका प्रयोग करनेवाला विरोधी सामने होता है। इससे जो परमात्मा का दर्शन कर सकता, मानवता की सबसे बड़ी विजय है, जिसे गांधी जी ने सबके लिए आदर्श बतलाया है और जिसे उन्होंने अपने जीवन में सफलता के साथ उतारा है। यह सर्वग्राही प्रेम कबीर साहब का बल था, यही गांधी का बल है। प्रेम का क्षेत्र ही कुछ ऐसा विचित्र है कि उसमें पराजय भी विजय हो जाती है। क्योंकि पराजित प्रेम के अलक्ष्य प्रभाव का प्रतिरोध ही नहीं हो सकता।

गांधी जी का धर्म सब विशेषताओं और आडंबरों से शून्य-सरल धर्म है, जो सर्वदा और सर्वत्र एक-सा रहता है। यदि कबीर के शब्दों में गांधी के धर्म का सार बतलाना चाहें तो कह सकते हैं—

साईं सेती साँच रहु औरा सूँ सुध भाई।

परमात्मा में सच्ची लगन और प्राणी के साथ शुद्ध व्यवहार—यही धर्म का सार है। इसको काम में लगाने के उपाय देश और काल की परिस्थितियों के अनुसार बदलते रहते हैं। परंतु यह मूल धर्म स्वयं बदल नहीं सकता। कबीर साहब सब धर्मों में से पाखंड को हटाकर धर्म के इसी शुद्ध स्वरूप को लोगों के सामने रखना चाहते थे और गांधी जी सब धर्मों के आवरण की ओर दृष्टिपात न कर इसी मूलतत्त्व की ओर दृष्टिपात करते हैं। इसी कारण सब धर्म और सभी धर्म-प्रवर्तकों में उनकी श्रद्धा है।

हिंदू धर्म में उनकी विशेष श्रद्धा का कारण यह है कि वे उसी में इस सिद्धांत का पूर्ण प्रतिपादन पाते हैं। उनकी दृष्टि सार्वभौम अथवा विश्वधर्म है। गांधी की जात हिंदू है सही है, परंतु उसकी आत्मकथा से पता चलता है कि उन्होंने हिंदुत्व को अपने लिए फिर से ढूँढ़ा है। यही कार्य कबीर साहब ने किया। कबीर हिंदू भावनाओं

और आदर्शों से इतने ओत-प्रोत थे कि मिस्टर विल्सन को यहाँ तक संदेह हो गया कि हो-न-हो कबीर किसी हिंदू सुधारक का उपनाम मात्र हो।

गांधी और कबीर दोनों कथनी और करनी में पूर्ण साम्य के समर्थक हैं, जो वे कहते हैं, वही करते भी हैं। वे मन, वचन एवं कर्म सब में सामंजस्य बनाते जाते हैं। जीवन की वह शुद्धता जिसको वे लक्ष्य करते हैं, वाणी तक ही सीमित नहीं, उसे वे 'रहकर' दिखाते हैं। यही कारण है कि उनके विरोधी को भी उनकी सत्यता में अविश्वास नहीं होता और यही कारण है कि जगत के कोने-कोने में उनकी सत्य प्रसारक वाणी श्रद्धा के साथ सुनी जाती है।

अध्याय : 11

रंग नारायण पाल 'रंगपाल'

पुण्य सलिला सरयू और अक्षय जलवाहिनी कूपजन्य (कूप वाहिनी) 'कुआनो' से जुड़ी हुई कष्टहरिणी के पावन तट पर कवि रंगपाल का ग्राम 'हरिहरपुर' भगवान शिव के धाम तामेश्वरनाथ के निकट स्थित यह ग्राम स्वयं में शिव के सान्निध्य का मूर्तिमान प्रतिबिंब है। घनानंद, रत्नाकर, बिहारी की परंपरा के शिशु की क्रीड़ास्थली यह ग्राम जनपद संत कबीर नगर मुख्यालय से 15 किमी. दक्षिण दिशा में स्थित है। अपने-आप में अपने नाम की सार्थकता सिद्ध करता हुआ यह स्थल वर्तमान में राजस्व कार्यों के लिए अधिसूचित क्षेत्र (नोटीफाइड एरिया) के रूप में व्यवहरित है। इस ग्राम के संबंध में स्वयं रंगपाल जी ने अपनी रचना 'गीत सुधानिधि' में परिचय देते हुए लिखा है—

सुर नर मुनि वंदित चरण, बीना पुस्तक पानि।
आनि ध्यान हिय बानिबर, होत गुणन की खानि॥
क्षत्री सूरज बंशबर, को जग जानत नाहिं।
राम चंद्र अवतार हुआ, ज्यहिं पावन कुल माहिं॥
प्रगट भये तेहि वंश में, बख्श विश्वेश्वर पाल।
नीति निपुण शुचि साधुमति, दानी बीर विशाल॥
हौं तिन को लघु तनय अरू, नहिं कछु बुद्धि उदार।
नगर हरिहरपुर सुबस, बसत देश सरवार॥

(गीत सुधानिधि : रंग नारायण पाल 'रंगपाल')

अपनी रचना सज्जनानंद में भी कवि अपने विषय में लिखते हैं—

क्षत्री सूर्य्य वंशवर, ईश्वरी प्रसाद पाल।
दासरथि राम कुल सुयश विशाल है॥
तिनके तनय श्री विश्वेश्वर बकश पाल।

ध्याए अखिलेषे, सब त्यागि जगजाल है॥
तिनको मैं सुत निज जननी को शिष्य।
रहैं सज्जन चरण रज रंजित सुभाल हैं॥
श्याम को सखा हैं, राधारानी को गुलाम।
कछु बुद्धि न ललाम, मेरो नाम रंगपाल है॥

(सज्जनानंद : रंगपाल, पांडुलिपि)

उपर्युक्त दोनों पदों से स्पष्ट है कि कवि रंग नारायण पाल 'रंगपाल' का जन्म हरिहरपुर रियासत में तत्कालीन महाराज कुँवर बाबू वीर वीरेश्वर वीर बख्श पाल के यशस्वी पुत्र के रूप में उत्तर प्रदेश के (तत्कालीन बस्ती जनपद) अब संत कबीर नगर जनपद स्थित हरिहरपुर रियासत में फाल्गुन कृष्ण दशमी संवत 1921 सन् 1864 ई. को हुआ था। आपकी माता का नाम महारानी सुशीलमती था जो स्वयं संस्कृत और हिंदी भाषा की विदुषी थीं। वीरेश्वर वीर बख्श पाल भी एक ख्यातिलब्ध कवि थे। भारतेंदु बाबू हरिश्चंद इन्हें महाकवि नाम से संबोधित करते थे। महारानी सुशीलमती वीर बख्श पाल की चौथी रानी थीं। राजकुमार रंग नारायण पाल को काव्य और साहित्यिक शिक्षा अपनी माँ से प्राप्त हुई थी। प्राप्त तथ्यों से ज्ञात होता है कि रंग नारायण पाल 'रंगपाल' बाल्यावस्था से ही रचनाएँ 'बीरेश' नाम से किया करते थे।

इनके पिता एक समृद्धशाली ताल्लुकेदार थे, जो राजा महसों के राजघराने से संबंधित थे एवं हरिहरपुर स्टेट में अपना गौरवपूर्ण स्थान रखते थे। रंगपाल जी का बाल-जीवन अपनी बिदुषी माता के सान्निध्य में प्रारंभ हुआ। इनका साहित्यिक व्यक्तित्व पूज्य पिताजी के सान्निध्य में पल्लवित होने लगा। इनके पिता जी एक अच्छे साहित्यकार थे, जिनका मलौली वंशीय कवियों में अत्यधिक सम्मान होता था।

श्रीकृष्ण की प्रेमशक्ति राधारानी के अनन्य उपासक रंग नारायण पाल महाराज वीरेश्वर वीर बख्श पाल के एकमात्र पुत्र थे। ईश्वरीय विधानानुसार रंगपाल के एकमात्र पुत्री हुई, जिनका विवाह देवरिया जनपद के हाटा तहसील के समीप खोट्ठा चुरावन चक रियासत में हुआ। इनकी पुत्री के पुत्र कुँवर फुलेना सिंह आज भी हैं। वे कहते हैं कि नाना जी (रंगपाल) के न रहने के बाद हमारी नानी (रंगपाल जी की महारानी) ने उनके अधिकांश साहित्य को उनकी अस्थियों के साथ दग्ध करवा

राजसी वेश में महा कवि रंग नारायण पाल 'रंगपाल'

दिया एवं पुरानी साहित्यिक सामग्रियों को कष्टहरिणी नदी से संबद्ध एक नाले में प्रवाहित करवा दिया, सिर्फ इसलिए कि वे सामने आएँगी तो उनकी स्मृतियाँ जगाकर उन्हें व्यथित करेंगी।

रंगपाल उदारता, सरलता, सौजन्यता, गंभीरता की प्रतिमूर्ति थे। वे कवि के साथ-साथ आयुर्वेदाचार्य भी थे। उनके संबंध में कविवर सुजान की ये पंक्तियाँ द्रष्टव्य हैं—

नागर नौल गुनीजन में जिन सौंह वृहस्पति होत समान न।
वेष विलास विभौ लखि जासु, 'सुजान' गरै सुरराय गलान न।
जासु उदारता वीरता पै मुखचारि ते बोलि उठ्यो चतुरान न।
रंग जू पाल से या जगती तल, आन न, आन न, आन न।

(सुजान)

रंग नारायण पाल की प्रारंभिक शिक्षा घर पर ही हुई। इनकी प्रथम और सक्षम गुरु स्वयं इनकी माँ सुशीलमती देवी थीं जो स्वयं संस्कृत और हिंदी भाषा की परम विदुषी थीं। साथ ही उनकी काव्य-प्रतिभा भी उत्कृष्ट कोटि की थी। रंग नारायण पाल की साहित्यिक सर्जना का आधार महारानी सुशीलमती देवी की शिक्षा ही थी। बचपन में ही आपने संस्कृत, हिंदी की शिक्षा अपनी माँ से ग्रहण किया और बाद में उर्दू एवं फारसी की शिक्षा के लिए राजपरिवार की ओर से विभिन्न मौलवियों ने इन्हें शिक्षित किया। आपकी विशेष रुचि हिंदी साहित्य की ओर थी। साथ ही आयुर्वेद के प्रति भी।

रंगपाल जी पूर्व में वीरेश उपनाम से कविताएँ किया करते थे। भारतेंदु बाबू हरिश्चंद, अजय वर्मा कृष्ण, बलवीर, अंबिका दत्त 'व्यास', जगन्नाथ दास 'रत्नाकर', मन्नन द्विवेदी 'गजपुरी', दयानंद सरस्वती 'अख्तर', पं. नाथूराम शर्मा 'शंकर', राधाबल्लभ पांडेय 'बंधु', श्री असीम दीक्षित, गया प्रसाद शुक्ल 'सनेही', श्री गजेंद्र नाथ चतुर्वेदी, गुरु प्रसाद सिंह 'मृगेश', श्री गोमती प्रसाद पांडेय 'कुमुदेश', श्री जगदंबा प्रसाद मिश्र 'हितैषी', द्वारिका प्रसाद गुप्त 'रसिकेंद्र', पं. देवी दयाल शुक्ल 'प्रणयेश', मुंशी रामाधीन लाल खरे, पं. रामाधार त्रिपाठी 'जीवन', श्रीमती रामेश्वरी देवी 'चकोरी', श्री सत्य नारायण द्विवेदी 'श्रीष', पं. हृदय नारायण पांडेय 'हृदयेश' आदि कवि उनके अत्यंत ही आत्मीय एवं मित्रवत रहे। इनका उल्लेख उनकी हस्तलिखित एक छोटी-सी पुस्तिका में प्राप्त हुआ है।

सोलह वर्ष की उम्र में ही छंद लेखन प्रारंभ कर दिया था। इससे पूर्व लक्षिराम जी को साहित्यिक समृद्धि मिल चुकी थी। रंगपाल जी को लक्षिराम जी का सान्निध्य भी मिलता रहा। उर्दू तथा फारसी का ज्ञान होने के कारण इन्होंने उर्दू के ठेठ शब्दों का प्रयोग करके शायरी भी लिखना प्रारंभ किया, जो तत्कालीन साहित्यिक पत्र 'भारती-जीवन' में प्रकाशित हुआ।

रंगपाल जी की काव्य-प्रतिभा बस्ती जनपद में ही नहीं, बल्कि उत्तर भारत में भी कवियों के मध्य विशिष्ट सम्मान पाने लगी। इन्होंने अपना उपनाम 'वीरेश' रखा तथा ब्रज भाषा के प्रति प्रगाढ़ स्नेह प्रदान किया। सन् 1883 में काकरौली में आयोजित कवि सम्मेलन में इनकी काव्य-प्रतिभा से प्रभावित होकर वहाँ के राजा साहब ने इन्हें एक हजार रुपये का पुरस्कार प्रदान किया था, जिसे स्वीकार करना रंगपाल जी ने सम्मान के विरुद्ध समझा, इसलिए इन्होंने मानपत्र को स्वीकार कर राजा साहब का आदर किया और उक्त धनराशि साहित्यिक सेवा के लिए उन्हीं के कर-कमलों में प्रत्यावर्तित कर दी।

रंगपाल जी अपनी सामंतवादी वृत्ति होने के कारण प्राय: कवि सम्मेलनों में नहीं जाते रहे। अधिकांश कवियों को अपने राजदरबार में बुलाकर कवि सम्मेलनों का आयोजन किया करते थे। यह भी एक प्रमुख कारण, जिससे आपकी रचनाएँ वह साहित्य प्रचार व विस्तार नहीं प्राप्त कर पाईं, जितनी अन्य ख्यातिलब्ध रचनाकारों की रचनाओं को प्राप्त हुआ।

जीवन के सांध्य काल में रंगपाल जी रुग्ण रहने लगे। उन पर ज्वरादि का आक्रमण हुआ। फलत: ऐसी चिंताजनक अवस्था उपस्थित हो गई कि प्राणों पर आ बनी। डॉक्टर और वैद्य बुलाए गए। श्री रंगपाल जी विदेशी डॉक्टरी दवाओं का उपयोग कभी नहीं करते थे। इस कठिन अवसर पर भी आपने अपना व्रत भंग करना स्वीकार नहीं किया। अंततोगत्वा गोरखपुर के एक सद वैद्य माली राम जी के उपचार से धीरे-धीरे पूर्ण स्वस्थ हुए। इस स्वास्थ्य लाभ के उपलक्ष्य में श्री रंगपाल जी ने निम्नलिखित पंक्तियाँ लिखीं—

रूजन विमुक्ति पाय आज रंगपाल लाल,
भारत समर बीच व्याकुल निहारि नाथ।
भारती भरति मोद गोद सुख पये ते।
भानु प्रगटाय जिमि पार्थ संग कीन्हो है।

दौरि देव-दारन के लागन पगन लागि,
बीच सभा जाति पति हेरत ही छोह भरि।
तोरि तृण वारि महि डारे मन भाए ते।
बसन बढ़ाय जिन द्रौपदी को चीन्हो है।
वीना लै बजावै गावैं मंगल बर्धा झारि,
ग्राह सो ग्रसित गजराज की पुकार सुनि।
अंग ना समावै पूरो रंग चढ़ि आए ते।
दौरि के पियादैं जिमि आय सुख दीन्हों है।
बरसै सुमन सुर-दुंदुभी बजति नभ,
रोग सो विमुक्त करि रंगपाल जू को तिमि।
सुर तै कहै पाल हिय आनंद अघाए ते।
दूबड रह्यो 'पाल' ताको हाथ गति लीन्हो है।
हम सबहिन की भागि ते, आज रंग जू पाल।
भये स्वस्थ निरोग लखि, धनि धनि धनि कवि पाल॥

(सुकवि पत्रिका, अंक-3 : बद्री नारायण पाल)

किंतु बार-बार अस्वस्थता ने कवि को अत्यंत जीर्ण कर दिया। पुराने लोगों से साक्षात्कार के आधार पर ज्ञात हुआ कि अज्ञात कारणों से कवि रंगपाल जीवन के अंतिम कुछ वर्षों तक अपने महल को छोड़कर अपने हाल मुकाम (खँलगा) जो हरिहरपुर के पास ही स्थित था, वहाँ रहने लगे।

भाद्र कृष्ण पक्ष द्वादशी दिन शुक्रवार विक्रमी संवत् 1993 तद्नुसार सन् 1936 ई. को वर्षा ऋतु में कवि ने अपने प्राण को आकाश वृतवान कर शरीर को प्रकृति में समाहित करा दिया। शायद इसलिए कि प्रकृति के कण-कण में व्याप्त होकर व्यापक हो जाऊँगा।

जल तो जल मन सो मन मिलिगो, कौन सके बिलगाय।
सनेहिया लागी हो रामा, छूटे कैसे हाय।
सनेहिया लागी हो रामा।

किसी भी व्यक्तित्व को प्रभावित करनेवाले कारकों में मुख्यतः दो कारक होते हैं—आंतरिक एवं बाह्य कारक।

आंतरिक कारकों में वंशानुक्रम एवं जैविक कारक हैं, जिसमें व्यक्ति का शरीर, अंत:स्रावी ग्रंथियाँ, तंत्रिका तंत्र तथा बुद्धि आती हैं। बाह्य कारकों में भौतिक स्थिति, आर्थिक स्थिति, पारिवारिक, राजनैतिक स्थिति, सांस्कृतिक स्थिति, सामाजिक स्थिति आदि व्यक्तित्व को प्रभावित कर उनका निर्माण करते हैं। रंगपाल जी भी इन कारकों से अछूते नहीं रहे।

रंगपाल जी के प्रकाशित-अप्रकाशित रचनाओं का मूल्यांकन और कलात्मक उत्कर्ष पर विचार करने से पूर्व उनके विपुल साहित्य का अनुशीलन आवश्यक है। उनका संपूर्ण जीवन कविता को समर्पित रहा। समस्त कृतियों के अवलोकन और अनुशीलन से एक बात तो निर्विवाद रूप से सत्य प्रतीत होती है कि जैसे रंगपाल जी का व्यक्तित्व बहुआयामी था वैसे ही उनका साहित्य भी अनेक विध है। उनकी बहुमुखी प्रतिभा धर्म, दर्शन, निज जीवन, उपेक्षितों का जीवन, समाज, भाषा, भूगोल, संस्कृति, जनजागरण, समाजोत्थान जैसे परस्पर भिन्न और अंत:संबंधी विषयों में प्रस्फुटित हुई है। अंग्रेजों की दासता से त्रस्त जन-जन की अकुलाहट कवि के मन-मस्तिष्क दोनों को उल्लेखित करती है। तत्कालीन सामाजिक विभीषिकाएँ अपने पैने नख, हृदय में चुभोती-सी हैं। कविता की पूर्व प्रकृति और नवीनता के आग्रही रूप दोनों अपनी प्रस्तुति रंगपाल के काव्य में चाहते हैं। कवि परंपरा की रक्षा भी चाहते हैं और नवीनता का उन्मेष भी। विरोध और समर्थन दोनों उनके स्वभाव में था, किंतु कब-कहाँ-किससे उनका विरोध होगा और किसका, कैसे और किसलिए समर्थन करने लगेंगे, जान पाना जरा कठिन होता था।

रंगपाल जी की प्रकाशित रचनाएँ निम्न हैं—

अंगादर्श, रसिकानंद, सज्जनानंद, प्रेम लतिका, शांत रसार्णव, रंग-उमंग, गीत सुधानिधि आदि। इसके अतिरिक्त अन्य रचनाएँ भी प्राप्त होती हैं, जो प्रकाशित नहीं हो पाईं—रंग महोदधि, रंग सागर, ऋतु रहस्य, नीति चंद्रिका, मित्तू विरह, खगनामा एवं चिरईनामा, फूलनामा, छत्रपति शिवाजी, वीर विरुद, गो दुर्दशा, दर्पण आदि। छत्रपति शिवाजी और वीर विरुद के सैकड़ों छंद सुकवि और रसराज आदि पत्रिकाओं में प्रकाशित हुए हैं। इनके कुछ ग्रंथ उनके वंशज के बाबू भद्रसेन पाल मैनेजर, पाल इंटर कालेज, हरिहरपुर के सौजन्य से देखने को मिले।

मानव हृदय में स्थायी रूप से अवस्थित रहनेवाले भाव, स्थायी भाव होते हैं एवं विभावों के संवेग से उद्यत अवस्था में आकर रस के रूप में अभिव्यक्त होते हैं। उनकी संख्या पूर्व आचार्यों ने मानी है। शृंगार रस हास करुण—रौद्रवीर

भयानकाः। वीभत्साद्‌भुतसंज्ञो, चेष्टष्टौ नाट्ये रसाः स्मृताः। आगे चलकर अभिनव गुप्त ने 'शांतोऽपि नवमोरसः' अनंत वात्सल्य एवं भगवद्‌भक्ति को समाहित करने के उपरांत इनकी संख्या 11 हो गई। श्री रंगपाल जी की रचनाएँ भी इन रसों से अछूती नहीं रहीं।

श्री रंगपाल जी मुख्यतः वीर रस के कवि थे। उनके 'छत्रपति शिवाजी' तथा 'वीर विरुद' आदि ग्रंथ इस तथ्य के प्रमाण हैं। शिवाजी वीरता के अवतार हैं। वे जिसको वक्र दृष्टि से देख लेते हैं, उसके प्राण कंठ में आ जाते हैं। उसे ऐसा लगता है कि उसकी आयु अब पूरी हो गई है। कवि की रचनाओं में वाणी की ओज के साथ-साथ अभिव्यक्ति की गुरूता भी परिलक्षित होती है—

खाल अफजल बीजापुर घमंडि धायो
घेरो आय दूत हेरि वीर रोस छायो है।
खान को पछारयो घुसि मल्लयुद्ध करि शेर
पंजन विदारि यम लोकहिं पठायो है।
झापटि झटाक पुनि म्लेक्षवाहिनी संहारि
रंगपाल सिंह शिवराज यों सुहायो हैं।
घोर अंधकारहि विहंडि तेजपुंज मनि
मानो चंड वुष मारतंड कढ़ि आयो है।

(शिवाजी पुस्तक—रंगपाल)

इस तरह के अनेक उदाहरण श्री रंगपाल जी की रचनाओं में प्राप्त होते हैं। इसके साथ-ही-साथ श्री रंगपाल जी की रचनाओं में शृंगार रस के दोनों पक्षों की रचनाएँ प्राप्त होती हैं। एक उदाहरण—कृष्ण प्रेमोन्मत्त गोपी का भावुक कथन इतना हृदयस्पर्शी है, वह कहती कि भुवन मोहिनी वंशी ने उसे इतना आसक्त कर लिया है कि वह उसकी धुन और साँवलिया के एक मुस्कान पर बिक गई। प्रेम में विह्वलता, आकुलता, प्रेम की पराकाष्ठा इस तरह प्रिय के प्रति समर्पण में मिलती है—

अरे तू बाँका छयलवा, मोरे प्राणों के प्राण।
नयन ते मति न्यारे, बिनती मोरि मान।
अंतर मरम निरेखहु को तौ जियरा चाहत जान॥ अरे.॥
एक छन बिसरत नाहीं मधुरी मुसकान।

डाल दई दिय प्रेम फसुरिया, बाँसुरिया की तान॥ अरे.॥
रहति लहरति, हियरा में कुंडल थहरान।
इछि छहरान सुमोर मुकुट की, पीत बसन फहरान॥ अरे.॥
कहैं जिय जाके जु भावे हँसि हारे जहान।
रंगपाल बिन दाम सँवलिया तेरे हाथ बिकान॥ अरे.॥

(रंग उमंग, प्रथम भाग : रंगपाल)

श्रृंगार रस के दोनों पक्षों की अनेक रचनाएँ श्री रंगपाल जी की रचनाओं में प्राप्त हैं। जिस पर प्रकाश डालना इस लेख में संभव नहीं हो पा रहा है।

कवि रंगपाल के काव्य की मुख्य विशेषताएँ ओज, व्यंग्य, सूक्ति, प्रेम, अभिव्यंजनापरकता, संवाद निवेश और तार्किकता है। कवि की भाषा में सहजता और प्रवाह है। कवि ने जिस भाषा के रूप को रचना की दृष्टि से उपयुक्त समझा, उसको ही प्रयुक्त किया। उनकी भाषा में संस्कृत, उर्दू, फारसी, भारतीय अन्य बोलियों के शब्द, वाक्यांश, मुहावरे, कहावतें और लोकोक्तियों के सहज रूप प्रयुक्त हुए हैं। उन्होंने अहिंदी शब्दों का प्रयोग भाषा को सजाने के लिए नहीं, न ही पांडित्य प्रदर्शन या चमत्कार के लिए किया, अपितु तथ्य को स्पष्ट करने के लिए, युक्ति को तार्किक बनाने के लिए, बात को साफ करने और मनोरंजन के लिए किया। उनकी शैली और भाषा दोनों असाधारण हैं।

कवि रंगपाल की भाषा सर्जनात्मक है, उसमें प्रवाह है, वे समाज का प्रतिनिधित्व करते हुए दिखाई पड़ते हैं। उक्त विशिष्टताएँ कवि को गरिमा प्रदान करती हैं और इसी कारण कवि रंगपाल अपने युग के बड़े कवि के रूप में स्थान बनाते हैं।

अध्याय : 12

जनपद के सांस्कृतिक धरोहर : ऐतिहासिक महत्त्व के मंदिर

मेंहदावल कस्बे में स्थित कुबेरनाथ मंदिर आज भी मेंहदावलवासियों के आस्था का केंद्र बना हुआ है। तकरीबन 175 वर्ष पूर्व बाँस की खूँटी में भूमि से निकले शिवलिंग के बारे में कहा जाता है कि जो भी श्रद्धालु इस स्थान पर आकर मन्नतें करता है, उसकी हर कामना भगवान पूरी करते हैं। इस धार्मिक स्थल की महत्ता व क्षेत्रीय जनता की श्रद्धा को देखते हुए एक दिन की हल्दी की बिक्री से होनेवाली आमदनी से सेठ गनेश लाल ने महिलाओं व पुरुषों के लिए यहाँ दो पोखरों का एक साथ निर्माण कराया था, लेकिन सफाई के अभाव में वर्तमान में यह अनुपयोगी हो गया है।

किंवदंती के अनुसार वर्तमान में स्थित कुबेरनाथ मंदिर के समीप 175 वर्ष पूर्व काफी झाड़-झंखाड़ व बाँस की खूँटी लगी थी। मेंहदावल के एक जमींदार अपने आदमियों से उक्त बाँस की खूँटी को जैसे कटवाना प्रारंभ किया कि खून की धार बहने लगी। मजदूर वापस चले गए। दूसरे दिन मेंहदावल के सैकड़ों लोग मौके पर पहुँचकर बाँस को काटने के लिए जैसे ही खूँटी पर टाँगी से प्रहार किया कि फिर बाँस से खून की धारा बहने लगी। इसके बाद यहाँ के स्थानीय लोग हैरान हो गए और समीप में देखा तो एक शिवलिंग जमीन से निकला हुआ है। लोगों को विश्वास नहीं हुआ तो शिवलिंग के बगल में काफी खुदाई की, लेकिन शिवलिंग कहाँ से निकला, इसका कोई पता नहीं चल पाया। इसके बाद यह केंद्र हिंदू धर्मावलंबियों की अस्था का केंद्र बन गया। कालांतर में मेंहदावल क्षेत्र की जनता ने सहयोग से चंदा एकत्र कर यहाँ एक भव्य मंदिर का निर्माण कराया, जिसमें राधाकृष्ण व भगवान शिव के अलग विग्रह स्थापित किए गए। मंदिर पर प्रतिवर्ष की शिवरात्रि व

हर सोमवार को जुटनेवाली भारी भीड़ को स्नान की दृष्टि से लगभग सौ वर्ष पूर्व मेंहदावल निवासी व हल्दी व्यवसायी गनेश सेठ ने एक दिन की कमाई में दो पक्के पोखरों का निर्माण कराया। इस मंदिर पर स्थानीय क्षेत्र के ग्राम भीमापार निवासी भारती परिवार के लोग पुजारी के रूप में भगवान की पूजा-अर्चना करने लगे। उक्त गाँव निवासी डॉ. योगेंद्र भारती ने बताया कि एक कमेटी का गठन कर सदस्य रमाकान्त शुक्ल, प्रभु दयाल जायसवाल, जय सिंह, जय प्रकाश जायसवाल के प्रयास से एक भव्य जगन्नाथ व राधाकृष्ण की मूर्ति की स्थापना कराई गई, जहाँ आज हजारों की संख्या में श्रद्धालु दर्शन करने आते हैं। उन्होंने बताया कि पूजा-अर्चना करनेवालों की सभी मुरादें भगवान शीघ्र पूरी करते हैं। यह स्थानीय लोगों के अलावा अन्य जनपदों के लोगों के आस्था का केंद्र बना हुआ है।

धार्मिक दृष्टि से महत्त्वपूर्ण व ऐतिहासक दृष्टि से भी यहाँ स्थापित पोखरों की मरम्मत न होने के कारण यह मंदिर उपेक्षा का शिकार है।

वर्तमान में समूचा पोखरा जलकुंभी से पटा हुआ है तथा अब इसका पानी दूषित हो गया है। नगरवासियों का कहना है कि जलाशय की मरम्मत के लिए कई बार क्षेत्रीय प्रतिनिधियों से कहा गया है, परंतु किसी ने ध्यान नहीं दिया।

अध्याय : 13

जनश्रुतियाँ

आजकल जो कुछ हम देखते-सुनते और कहते एवं करते हैं; उसके पीछे एक रहस्यमयी महान कड़ी जुड़ी रहती है। वास्तव में यही चिरंतन काल से चली आ रही सृष्टि का विधान है। यदि हम कुछ बातों को पुस्तकों से जानते हैं तो कुछ गुरुओं की कृपा समझते हैं, तो कुछ कर्ण-परंपरा से सुनकर उसको स्वीकार करते हैं। वृद्ध लोगों का कहना है तथा प्राचीन इतिहास से भी पता चलता है कि यहाँ पर भगवान बुद्ध का मुंडन संस्कार हुआ था। वैसे यह स्थान मुंडन संस्कार के लिए हमेशा से बहुत ही प्रसिद्ध है। कोई दिन ऐसा नहीं है कि जिस दिन यहाँ मुंडन संस्कार न होता हो। बड़े-बड़े तेरसों को तो यहाँ हजारों की संख्या में मुंडन संस्कार होते देखे जाते हैं जो बहुत ही दूर-दूर के लोग होते हैं।

भगवान बुद्ध की ही स्मृति में सन् 1956 ई. में दो लंका निवासी इस स्थान पर आए थे। इस स्थान का भली-भाँति निरीक्षण कर तत्पश्चात दो ईंट लेकर यहाँ से वापस हो गए। टूटी-फूटी भाषा में वे लोग यहाँ भगवान बुद्ध का पदार्पण बतलाकर और अधिकाधिक बात इसलिए नहीं कर सके कि हिंदी बिलकुल नहीं जानते थे तथा बातचीत करने का माध्यम उन लोगों का अंग्रेजी था। इसी तरह थाईलैंड आदि देशों के लोग भी समय-समय पर आते रहते हैं।

खलीलाबाद के उत्तर 6-7 मील की दूरी पर जो कोपिया नामक स्थान है, वहाँ अब भी एक बहुत बड़ी कोटि है। अर्थात किले का अवशेष है। इसी को पुराने लोग कपिलवस्तु कहते हैं। जो कुछ भी हो, यह भगवान बुद्ध के पिता का जनप्रिय राज्य तो था ही। इसके अतिरिक्त मगहर के पास महास्थान नामक स्थान पर अपने सारथी छंदक को भगवान बुद्ध ने लौटा दिया था तथा वहाँ पर एक गुफा के अंदर रहनेवाले भक्त साधु के पास कुछ दिन रहकर सीधे बोधगया की ओर प्रस्थान कर दिया था। इन सब बातों के आधार पर भगवान बुद्ध का मुंडन संस्कार होना यहाँ पर

पूर्णरूपेण सिद्ध हो जाता है। इसी से अब आप इस मूर्ति की प्राचीनता का अनुमान लगा सकते हैं कि यह मूर्ति हजारों वर्ष पुरानी है।

शिव मूर्ति के बारे में लोगों का कहना है कि एक बार यहाँ पर खलीलुर्रहमान आए। भूलना न होगा, इन्हीं के नाम पर खलीलाबाद बसा हुआ है। इत्तफाक से इनकी नजर इस मूर्ति पर पड़ गई। इसकी सुंदरता से मोहित होकर वे इसे माया भ्रम में पड़कर ले जाने के लिए कृतसंकल्प हो गए। तत्काल आदमियों से मूर्ति खुदवाने की व्यवस्था भी हो गई। लेकिन सबसे आश्चर्य की बात यह रही कि दिन-भर आदमी जितना खोदते थे, रात्रि में पटकर मूर्ति ज्यों-की-त्यों बराबर हो जाती थी, किंतु खोदने का क्रम जारी रहा। यह जिद भगवान शंकर को सहन न हो सका। अचानक इतने हाड़े, मधुमक्खियाँ, बिच्छू एवं भ्रमर निकले कि कितने विचारे इस संसार से हमेशा-हमेशा के लिए विदा हो गए। ऐसी भयंकर स्थिति को देखकर रहमान भी बाध्य होकर अपने असफल प्रयत्न पर पश्चाताप करते हुए निहत्थे वापस चले गए। इस आश्चर्यमयी घटना से इस स्थान की प्रसिद्धि और बढ़ गई।

दूसरी सबसे महत्त्वपूर्ण जनश्रुति इस प्रकार है कि यह शिवमूर्ति पहले मगहर के चकलेदार के अंदर थी, वे यहाँ दर्शनार्थ आए। दर्शन के बाद उनकी यह उत्कट इच्छा हुई कि मूर्ति हमारे क्षेत्र में है, इसलिए मैं कहीं भी इसे रखवा सकता हूँ। दूसरे दिन हटवाने की इच्छा से ज्यों यहाँ आते हैं, तो मूर्ति अपने क्षेत्र से बाहर दूसरे के क्षेत्र में पाते हैं। वे बेचारे हतप्रभ होकर मूति को शत-शत प्रणाम करके वापस चले गए। इसके बाद बाँसी के राजा साहब के सहयोग से उनके मैनेजर के द्वारा इसका प्रथम निर्माण भी हो गया। इसके अनंतर समय-समय पर शिवभक्त लोगों के द्वारा भी कुछ निर्माण कार्य होते गए।

सौ बर्ष पहले यहाँ पर सिद्ध महात्मा निवास करते थे। लोगों का कहना है कि वे अपने मुख से जो कहते थे सत्य होता था। लोगों का उनसे परस्पर में दरस-परस भी होता था। अब तो वे महात्मा नहीं हैं, किंतु कुछ लोगों का विश्वास है कि अप्रत्यक्ष रूप से कुछ ऐसे सिद्ध योगी यहाँ निवास करते हैं, जिनका दर्शन किसी बिरले ही भाग्यशाली व्यक्ति को कभी-कभार मिल जाया करता है, परंतु उनसे किसी की कोई बातचीत नहीं हो पाती। वे अपने को मानव संपर्क से दूर रखते हैं।

प्रसिद्ध संतश्री देवरहवा बाबा को यहाँ से ही बाल्यावस्था में प्रेरणा मिली थी जो कितने महान संत के रूप में लोगों के सामने आए। यह किसी से छिपा नहीं है। उच्च कोटि के महान संत जो फक्कड़ बाबा के नाम से विख्यात थे, वे प्राय:

करके यहीं रहा करते थे, जिनकी समाधि आज भी उनके भक्तों को बरबस याद दिलाती रहती है। रुद्रमहायज्ञ के सिलसिले में बहुत बड़े-बड़े विद्वान एवं संत-महात्मा यहाँ पधार चुके हैं।

ये महात्मा लोग आज के इन भ्रष्ट महात्माओं जैसे नहीं थे। जैसा कि ये भ्रष्ट पाखंडी लोग धर्म के नाम पर धार्मिक भोली-भाली जनता में भ्रष्टाचार का नग्न तांडव करते देखे जा रहे हैं। हम गृहस्थों को कुछ पाप से डर भी लगता है, लेकिन ये नर-पिशाच जरा भी दहशत नहीं खाते, किसी भी भ्रष्ट कार्य को करने से। परम पवित्र धर्म के बाने को पहनकर ये समाज को ही निगलना चाहते हैं। भगवान! इनको सद्‌बुद्धि प्रदान करते हुए सही आलोक प्रदान कीजिए।

इस भूमंडल पर हजारों तरह की जाति तथा सैकड़ों तरह के राष्ट्र हैं, किंतु हिंदू जाति जैसी विलक्षण जाति तथा भारतवर्ष जैसा दूसरा देश नहीं है। इस महान धर्मप्राण हिंदू राष्ट्र में कुछ ऐसी विशेषताएँ तथा ऐसे मौलिक गुण हैं, जिन्होंने इन्हें चिरंतन और चिरंजीवी बना दिया है। सृष्टि के अरबों वर्षों के जीवन में अनेक जातियाँ उठीं, बिजली की चमक के समान इस संसाराकाश में विलीन भी हो गईं। अनेक राष्ट्र पैदा हुए और समाप्त हुए, आज उनके नाम भी इतिहासों के लिए अन्वेषण की सामग्री बन गए हैं परंतु इस गौरवमयी जाति ने आज से बहुत काल पहले अपने जिस अस्तित्व को प्रारंभ किया था, वह आज भी तथैव विद्यमान है। अपने लंबे जीवन में इसे अनेक कठिनाइयों का सामना करना पड़ा, अनेक आँधियाँ आईं, तूफान आए, किंतु हिमालय की चट्टानों की तरह यह महान जाति अचल रही।

आज भारतवर्ष स्वतंत्र एवं स्वाधीन है। पराधीनता की जो कालिमा पिछले सात सौ वर्षों से हिंदू जाति और हिंदुस्तान पर छाई हुई थी, आज सर्वथा घुलकर साफ हो गई है। परंतु आश्चर्य! इस स्वतंत्रता के साथ ही हिंदू का अस्तित्व ही खतरे में पड़ गया है। आज हिंदू को 'सांप्रदायिक' समझा जाने लगा है। आज हिंदू विरोधी तत्त्व संगठित होकर हिंदू जाति, हिंदू धर्म एवं हिंदू सभ्यता-संस्कृति पर प्रबल प्रहार करके भारत को हिंदूविहीन कर डालने का षड्‌यंत्र कर रहे हैं। हिंदुओं के देश में ही हिंदुत्व को जड़-मूल से मिटा डालने का प्रयास जारी है। कितने शर्म की बात है कि जनता के बीच अपने को हिंदू कहनेवाले ये सफेदपोश आधुनिक जयचंद लोग ही हिंदू जाति-धर्म की जड़ खोदने में लगे हुए हैं। एक जयचंद ने तो देश के इतिहास को ही बदल दिया, अब ये असंख्य जयचंद क्या रंग लाते हैं? भगवान इसके भयंकर होनेवाले परिणाम से इस हिंदू धर्म और राष्ट्र को बचाइए।

आज के इस वैज्ञानिक युग में जिसे हम नासमझी से बिलकुल महत्त्वहीन समझते हैं, उसमें से भी महान महत्त्व की चीजें निकलने लगती हैं। जब तुच्छ वस्तुएँ इतनी महत्त्वपूर्ण हो सकती हैं, तो हमारे ये तीर्थस्थल जो हमारे विद्वान पूर्वजों की देन हैं, कितना महत्त्वपूर्ण होगा? इसे स्पष्ट करने के लिए एक महत्त्वपूर्ण सत्य घटना रख देना अरुचिकर न होगा।

एक बार परम पुनीत कुंभ पर्व के अवसर पर महामना मदन मोहन मालवीय जी किसी वाइसराय के साथ चल रहे थे। उस समय भारतीय संस्कृति-सभ्यता के अनुसार भारत की धार्मिक जनता लाखों क्या करोड़ों की संख्या में यहाँ पर आकर संगम में स्नान कर मानो त्रयताप से छुटकारा पाने के लिए एक मनमोहक भूमिका बना रही थी कि इसे देखकर अंग्रेज अफसर मालवीय जी से यह प्रश्न कर बैठा, "मालवीय जी! आप इस मेले के लिए कितना खर्च किए होंगे?" अर्थात उसके पूछने का यह मतलब था कि हम लोग कोई उत्सव, मेला आदि का आयोजन करते हैं तो कितने परचे छपवाए जाते हैं, तो कितने बार पेपरों में निकलवाए जाते हैं तथा घूम-घूमकर कितना प्रचार किया जाता है। फिर भी भीड़ हजारों के अंदर ही रहती है। यहाँ तो ठीक उसके विपरीत लाखों क्या करोड़ों की भीड़ है। भला इस गरीब देश में इसके लिए कितना खर्चा पड़ा होगा। हमारे पूज्य मालवीय जी इस बात को समझ गए। तत्काल पंचांग मँगवाया और उस अंग्रेज के सामने खोलते हुए बोले, "सरकार! हमने इसके लिए इस पंचांग में एक जगह केवल चार अक्षर खर्च किए हैं।" अंग्रेज और हैरानी में पड़ गया। तब तक मालवीय जी बोले, "यह देखिए यहाँ केवल 'कुंभ पर्व' लिख दिया गया है।" यह देख अंग्रेज दंग रह गया और कहने लगा "धन्य है यह देश तथा धन्य है यहाँ की संस्कृति और सभ्यता, जिसने इतने लोगों को इस तरह एकता के सूत्र में बाँध रखा है। भला क्या कोई इनसे टक्कर ले सकता है?"

घोर संघर्ष मय इस युग में देखें तो किसी से कोई भी संपर्क नहीं रह गया है। न तो कोई अपना संपर्क किसी से स्थापित ही करना चाहता है। किया भी तो उसके पीछे कोई-न-कोई महान स्वार्थ छिपा रहता है। यदि देखा जाए तो पूरा संसार ही स्वार्थ के पीछे बदनाम है। स्वार्थ से रहित देवताओं को भी नहीं छोड़ा गया है, किसी ने तो इन्हीं सब चीजों को देखते हुए यहाँ तक कह दिया है कि—

सुरनर मुनि की याही रीती,
स्वरथ लाभ करै सब प्रीती।

लेकिन आज के पहले इस स्वार्थ का कुछ कल्याणमय रूप था, परंतु कहने के लिए इस प्रगतिशील युग में आज का मानव स्वार्थ के पीछे कितना दानव होता जा रहा है, इसके लिए उदाहरण की जरूरत नहीं, आए दिन सबके सामने प्रत्यक्ष है। आज यह तुच्छ स्वार्थ एक छोटे परिवार, गाँव, मुहल्ला से लेकर राष्ट्र तक को ऐसा झकझोर दिया है कि संपूर्ण मानव-जाति ही खतरे के अंदर कराहती हुई त्राहि-त्राहि की आवाज लगा रही है, जिसका समाधान ढूँढ़ना कठिन हो रहा है। ऐसी स्थिति में ठंडे मस्तिष्क से विचार किया जाए तो एकमात्र ताकत की जरूरत पड़ेगी। तो प्रश्न अब यह उठेगा कि यह ताकत वैज्ञानिक यांत्रिक ताकत हो अथवा शुद्ध-विशुद्ध सात्त्विकी मानवी ताकत? यदि पहली को प्राथमिकता दें तो उससे केवल विनाश-ही-विनाश दिखलाई पड़ेगा, यदि दूसरी को प्राथमिकता दें तो व्यष्टि हमारे सामने बिलकुल असहाय है तथा समष्टि के लिए हम मूक हैं। ऐसी परिस्थिति को देखते हुए हम भारत के छोटे से लेकर बड़े तीर्थस्थलों का अवलोकन करें तो वे सब-के-सब हमारी इस ताकत को अक्षुण्ण बनाए रखने में अपना पूर्ण सहयोग प्रदान कर रहे हैं।

अब आप भारत के किसी भी तीर्थस्थल पर चले जाएँ तो हिंदुस्तान का कौन सा ऐसा कोना बचा होगा जहाँ से लोग न एकत्र हुए हों। इस स्थिति को देखते हुए यह आश्चर्य होता है कि जिस देश में सैकड़ों तरह की भाषाएँ बोली जाती हैं, लोगों में हजारों तरह की वेशभूषा प्रयुक्त होती है एवं सैकड़ों तरह का रहन-सहन है, अर्थात इस भिन्नता का अनुमान लगाया ही नहीं जा सकता, फिर भी इस भिन्नता के रहते हुए भी ऐसी अभिन्नता जिसके लिए आज भी विदेशियों में एक महान आश्चर्य का विषय बना हुआ है। इस एकता का मूल मंत्र है, सत्य सनातन हिंदू धर्म, जिसको मिटाने के लिए हिंदुओं के हिंदुस्तान में ही लार्ड मैकाले के मानस पुत्र सैकड़ों हिंदू जयचंद बिखरते जा रहे हैं।

अब छोटे तीर्थस्थलों पर ध्यान दीजिए। सर्वप्रथम इस देश की भोली-भाली जनता तो अधिकतर यह समझकर आती है कि इन्हीं बाबा तामेश्वर नाथ की कृपा से हमारी मनोकामनाएँ पूरी हुई हैं, अत: यहाँ आकर पूजा-अर्चना करना हमारा परम कर्तव्य है। इस तरह अपनी-अपनी भावनाओं के अनुसार जैसा जो लोग आते हैं वैसी उनकी इच्छाएँ भी पूरी होती हैं, परंतु इसको यदि जिले स्तर पर देखें तो इस झंझटमय समय में किसी भी मनुष्य को थोड़ा भी समय निकाल पाना कठिन हो रहा है तो भला आप ही सोचिए, वह किसीको क्या अपनी सुनाएँ तथा दूसरे की क्या सुनें?

ऐसी परिस्थिति में ये स्थान या तीर्थस्थल कहिए, प्रतिवर्ष मजदूर, किसान, अमीर, गरीब सभी को यह महत्त्वपूर्ण अवसर उपस्थित करते रहते हैं। इसमें तरह-तरह के सगे-संबंधी लोग आते हैं। आचार-विचार, रहन-सहन, व्यवहार आदि का आपस में आदान-प्रदान होता है, जिस किसी से भी हम मिलते हैं, उसे प्रायः अपना समझकर उसके सुख-दुख के साथी होने के लिए लालायित हो उठते हैं।

आज आधुनिक युग की यही पुकार है कि जो देश संगठित होकर रहेगा, वही प्रगति कर सकता है, जहाँ एकता होगी, वहीं हर संभव उन्नति होगी, जहाँ अपने को लोग देश का परम भक्त समझेंगे, वहीं अविछन्न एक महान राष्ट्र का रूप होगा। सो उपर्युक्त सभी चीजें हमारे ये तीर्थस्थल स्वाभाविक रूप से दिन-प्रतिदिन लोगों में जगाते जा रहे हैं।

अध्याय : 14

संत कबीर के स्मरण-तीर्थ

मगहर प्रतितीर्थ

तीर्थ साधारणत: तरण के स्थान को ही कहते हैं। सभी तीर्थ मुख्यत: जल-तीर्थ होते हैं। नदियों के उद्गम, संगम और तिरोहण स्थलों पर ही तीर्थ होते हैं। स्थिर जलाशयों, झीलों, कुंडों, कूपों, गुफा, जल-स्त्रोतों, झरनों और दरियों को भी तीर्थ की महिमा दी जा रही है। बाद में वृक्षों, सुंदर घाटियों, पर्वत शिखरों, कुंजों को भी किसी देवता या महापुरुष से जोड़कर तीर्थ की प्रतिष्ठा दी गई। रम्यता और तरण-योग्यता तीर्थ के लिए अनिवार्य है। मगहर तीर्थ के संपूर्ण अर्थ का बहिष्कार करता है। वह एक प्रतितीर्थ है, जहाँ साधु-शक्ति के द्वारा आवश्यकतानुसार जल का आवाहन किया गया है, जहाँ जल नहीं था, पहाड़ नहीं थे, घाटियाँ और सुंदर वनस्पतियाँ नहीं थीं, ऊसर और वीरान था, जहाँ तीर्थ से जुड़ी कोई संभावना नहीं थी, जहाँ रहना एक मोक्ष-विरोधी कलाप था, वहाँ कबीर ने 'तीर्थ' स्थापित किया। अब भी गंगा नदी के दो तटों में एक तो तीर्थतट या काशीतट की प्रतिष्ठा प्राप्त है और दूसरे को मगह या मगहर अर्थात अतीर्थ के रूप में लोकश्रुति प्राप्त हुई है। मगह या मगहर काशी का प्रतिस्थान है। कहा नहीं जा सकता कि मगह को प्रतिस्थान की श्रुति संत कबीर की वजह से प्राप्त हुई या पहले से ही ऐसी कोई परंपरा विद्यमान थी।

ऐसा लगता है कि जब संत कबीर ने अपने आर्ष वचनों से वेद और कितेब, कुरान और पुराण, तीर्थ और पूजा, जप और माला के सभी मूल्यों को निरस्त कर दिया तो एक ऐसी संत विचारधारा की स्थापना हुई, जिसमें—

मन चंगा तो कठौती में गंगा

जैसी उक्तियाँ लोकोक्ति बनीं अथवा, "जो कबीर कासी मरै, रामहिं कौन निहोरा" जैसी धार्मिक चुनौती और दृढ़ धार्मिक विश्वास के साथ एक काव्य-पंक्ति सामने आई।

यह निश्चित है कि संत कबीर श्रमजीवी साधुता की स्थापना कर रहे थे। घर छोड़कर जंगल जानेवाले या भिक्षा करनेवाली परोपजीवी साधुता का खंडन कर रहे थे। वे यह मानकर चल रहे थे कि कर्म की उपासना के निकट रहकर ही धर्म की साधना संभव है। श्रमिक वर्ग की कमाई पर जीनेवाले ब्राह्मण और भिक्षा के बल पर धर्माचार्य की प्रतिष्ठा प्राप्त करनेवाले योगियों और साधुओं को उन्होंने अपने व्यंग्य से आहत किया था। अपने इस नए धर्म और नए विचार की स्थापना के लिए मुख्य रूप से वे धर्माधिकार से वंचित उपेक्षितों, दलितों, अंत्यजों लेकिन श्रम में आस्था रखनेवाले सच्चे मनुष्यों और वास्तविक संतों के बीच घूम रहे थे। काशी उस समय विद्या और धर्म-साधना का ही सबसे बड़ा केंद्र नहीं था, बल्कि तंतु व्यवसाय करनेवाले वस्त्रकर्मियों, जुलाहों, कोरियों का भी एक बहुत बड़ा केंद्र था। अवध से लेकर काशी तक वस्त्र-व्यवसाय से संबंधित तमाम श्रमिक और व्यवसायी काशी आते-जाते रहते थे और अपना ही काम करनेवाले एक संतविरक्त के प्रति वे निश्चित रूप से अधिक निष्ठावान रहे होंगे। आज भी वस्त्र-श्रमिक का समूह हिंदू-मुस्लिम संप्रदाय की पिछड़ी जातियों से ही संबद्ध हैं। संत कबीर के अधिकांश भक्त इसी वर्ग से आए होंगे और संत कबीर को अपने भक्तों के अनुरोध पर झूँसी, जौनपुर, गोरखपुर, मगहर जाना पड़ता रहा होगा। धीरे-धीरे संत कबीर के प्रभाव का क्षेत्र बढ़ा और उनके पूर्व सबसे अधिक प्रभावशाली योगी गोरखनाथ से संबंधित लोग उनसे आकृष्ट हुए। अनेक गोष्ठी-ग्रंथों में गोरख और कबीर के बीच संवाद की स्थिति उत्पन्न की गई है। गोरखनाथ का सबसे बड़ा प्रभाव क्षेत्र गोरखपुर और उसके आसपास का अंचल था। संत कबीर से आकृष्ट लोगों ने संत कबीर में गोरखनाथ का ही रूप देखा होगा, अतः गोरखपुर के आसपास का क्षेत्र संत कबीर का कर्म-क्षेत्र बन गया।

मगहर और उसके आसपास का अंचल जुलाहा और कोरी बहुल क्षेत्र है। साथ ही गोरखनाथ की प्रभाव-कक्षा में भी आता है। निश्चित रूप से संत कबीर ने गोरखपंथी चमत्कार, तंत्र-रहस्य और भावविहीन हठ साधना को कम करने के लिए गोरखपंथी क्षेत्रों में बार-बार यात्रा की, क्योंकि वे साधना को प्रेम से अर्थात भक्ति से अर्थात तसव्वुफ से कुछ रागात्मक तत्त्वों से जोड़ रहे थे। गोरखपुर का पूरा-का-पूरा

अंचल रागात्मक साधना के लिए एक चुनौती के रूप में सामने आया होगा और उसे पूरे अंचल में मगहर का इलाका सबसे ज्यादा अरम्य, वीरान, उदास अर्थात पूर्ण प्रतितीर्थ के रूप में दिखाई पड़ा होगा।

कबीर-धूनी और गोरखतलैया

अनुश्रुति है कि मगहर अभिशप्त था और वहाँ एक युग से अकाल पड़ा हुआ था। धरती सूख चुकी थी, कहीं पानी नहीं था। जनता की त्राहि-त्राहि से विह्वल होकर वहाँ के नवाब बिजली खाँ काशी आए। वे जानते थे कि संत कबीर हिंदू-मुस्लिम दोनों वर्गों में विशेष रूप से श्रमजीवियों में अत्यंत लोकप्रिय और श्रद्धास्पद हैं। बड़े-बड़े शेखों, सूफियों, पंडितों और धर्माचार्यों की संत कबीर से जुड़ी पराभाव-गाथा भी वे सुन चुके थे। वे एक भक्त और सेवक की तरह संत कबीर के पास आए और उनके पुराने कर्मक्षेत्र मगहर की जनता की पीड़ा और वहाँ के अकाल के बारे में उनसे कहा। संत कबीर का शरीर वृद्ध हो चुका था। वे स्वयं जानते थे कि इतनी लंबी यात्रा के बाद एक वीरान अबस्ती (अब बस्ती) से लौटना संभव नहीं होगा। फिर भी अपने लोगों की पुकार पर जब उन्होंने मगहर जाने का निश्चय किया तो प्रेमियों और भक्तों ने उनके वृद्ध शरीर की ओर उनका ध्यान आकृष्ट किया। उनके पास आने-जानेवाले एक मिथिला निवासी व्यास ने यह भी कहा कि मगहर में मरने से मोक्ष की प्राप्ति नहीं होगी। अतः अंतिम समय काशी छोड़कर अतीर्थ नरक के द्वार मगहर जाना ठीक नहीं है। तब संत कबीर ने अपनी दृढ़ भक्ति और ग़हन आत्मनिष्ठा के स्वर में उस व्यास को बताया, "क्या काशी क्या ऊसर मगहर, जो पै राम बस मोर। जो कबीर काशी मरे, रामहिं कौन निहोर।" और संत कबीर मगहर गए। अकाल में झुलसी हुई भूमि को उन्होंने देखा। वहाँ की अनुर्वर मिट्टी को उन्होंने पहचाना और उन्हें यह लग गया कि तीर्थों के प्रति पागल, अंधश्रद्धा से अभिभूत जनता को आकृष्ट करने के लिए ऐसा प्रतितीर्थ कोई हो नहीं सकता और तीर्थों में आस्थाशीलों को जल पुकारता है। उन्होंने तय किया कि वे जल को ही पुकारेंगे। जल को पुकारने के लिए उन्होंने मगहर के एक नितांत ऊसर स्थान को अपनी साधना के लिए चुना और वहीं पर जलती हुई धरती, जलती हुई धूप के बीच आग जलाकर अपनी 'धूनी' सुलगाई। आग जलती रही। धूनी सुलगती रही और कबीर जलन के इस व्यूह के भीतर तपते रहे। लोगों

का आना-जाना शुरू हुआ। दर्शनार्थी आए, संत आए, फकीर आए, प्रजा आई, राजा आए और अनजाने एक साधुभोज आयोजित हो गया। लोगों ने संत कबीर से कहा, "यहाँ तो आग-ही-आग है, धरती जल रही है, आसमान जल रहा है, आप जल रहे हैं, हम जल रहे हैं, चूल्हे जल रहे हैं, लेकिन पानी कहीं नहीं है। संत कबीर ने गुरु गोरखनाथ के उत्तराधिकारी गोरखगद्दी के नाथ साधु गोरख की ओर संकेत किया—कहा कि यह इन्हीं हठयोगी की साधना भूमि है। इन्हीं से अपना दुख कहो। गोरखपंथी भक्त गोरखनाथ ने उस चुनौती को स्वीकार किया और अपने दाहिने पाँव से पृथ्वी के एक अंश को तब तक दबाते रहे, जब तक उसमें जलस्रोत नहीं फूट गया। वहीं एक छोटा-सा तालाब बन गया। तपस्या की आग ने पानी को पुकार लिया। यह स्थान 'गोरख तलैया' के नाम से विख्यात है। उस तालाब के किनारे संत कबीर की 'धूनी' है। योग और संत-साधना का यहाँ अद्‌भुत समन्वय हुआ। योगी ने जल का आह्वान किया और संत ने अग्नि का। 'धूनी' और गोरख तलैया दोनों परस्पर स्पर्धी चमत्कार के प्रतीक हैं। यह स्थान योग-साधना और संत-साधना का मिलन बिंदु है।

इधर सरकार ने उस ऐतिहासिक स्थान के महत्त्व को समझे बिना 'गोरखतलैया' के ऊपर सड़क बना दी है। अब तालाब का नाम ही बच गया है। तालाब कहीं नहीं है, लेकिन 'कबीर धूनी' अभी सुरक्षित है। वहाँ एक छोटा-सा 'धूनी स्मारक' बना हुआ है और यह स्थान मूलगादी कबीरचौरा मठ की अब भी सुरक्षित संपत्ति है। प्रतिवर्ष कबीर-निर्वाण-दिवस के अवसर पर हजारों की संख्या में कबीरपंथी उस स्थान को देखने आते हैं। तीर्थों के व्यतिरेक को समझने के लिए इस स्थान को पर्यटन स्थल के रूप में विकसित किया जाना चाहिए, क्योंकि 'कबीर धूनी' और 'गोरखतलैया' सभी भारतीय तीर्थों के प्रतितीर्थ का सुंदर नमूना है और धर्म के अंध-विश्वासों को चुनौती देकर एक नए धर्म-विश्वास की स्थापना करनेवाले तप के भी प्रतीक हैं।

कबीर धूनी और गोरखतलैया की जनसंकुलता से बचने के लिए संत कबीर ने वहाँ से थोड़ी दूर हटकर एक स्थान पर आवास बनाया। वहाँ उनके विशिष्ट भक्त और कपड़ा बुननेवाले श्रमिक अनुयायी एकत्र हुआ करते थे। संत कबीर ने अनुभव कर लिया था कि वे धर्म की चुनौती का अपना कार्यक्रम अब प्रायः पूरा कर चुके हैं। अब जाने के साथ ही उन्हें यह भी तय कर देना था कि जब सभी मनुष्य एक हैं तो समाधि और कब्र को भी एक ही होना चाहिए। यह प्रयोग वे ही

कर सकते थे। सारे संसार में संत कबीर ही अकेले ऐसे महापुरुष हैं जो एक ही साथ कब्र में दफन भी हैं और समाधि में समाधिस्थ भी। वे एक ही साथ हिंदू और मुसलमान दोनों को अपने निर्वाणस्थल की ओर बुला रहे हैं। उनका मरण सबके (मनुष्यमात्र के) मरण की तरह है। केवल हिंदू या केवल मुसलमान के मरण की तरह नहीं है। जैसा जीवन वैसा ही मरण। विश्व का यह दुर्लभ स्थान मगहर-समाधि के नाम से विख्यात है। जहाँ पर एक ऐसी समाधि है जिसकी देखरेख कबीरचौरा मठ के उत्तराधिकारी महंत और साधु करते हैं और उस समाधि से लगा हुआ एक मकबरा भी है, जिसकी देखरेख उदार-मुस्लिम या कबीरवंशी करते हैं। ये दोनों स्थान एक-दूसरे से सटे हुए हैं और उस धर्म-निरपेक्ष समझौते के प्रमाण हैं, जिसे समझकर हिंदुस्तान पाकिस्तान का बँटवारा बचाया जा सकता था। मृत्यु की यह उभय-निष्ठता विलक्षण है।

कहा जाता है कि संत कबीर ने अपने अनुयायी सुरतिगोपाल साहब, काशी नरेश बीर सिंह बघेल और मगहर के नवाब बिजली खाँ तथा समस्त भक्तों से अपने निर्वाण की पूर्व सूचना दी और अपनी पर्णकुटी में एक विशाल पुष्प-गुच्छ बनवाकर उसी के भीतर साधना के लिए प्रविष्ट हो गए। जब यह स्पष्ट हो गया कि संत कबीर ने आत्मदेह का त्याग कर परमात्मा में प्रवेश कर लिया है तो उनके अनुयायी देह की खोज करने लगे। कलह आरंभ हो गई। लेकिन विवेकी लोगों को लग गया कि कोई चमत्कार हुआ है और वे मिल-जुलकर फूलों के बीच उस शरीर की खोज करने लगे जो धर्म के लिए चुनौती था, विषमता के लिए समता का शस्त्र था, लेकिन पुष्पों के सिवा कुछ नहीं मिला। हिंदुओं ने आधे पुष्प पर समाधि बनाई और मुसलमानों ने आधे पुष्प को दफन कर एक मकबरा बनाया। दोनों अगल-बगल हैं।

दोनों की देखरेख के लिए बिजली खाँ ने सुरतिगोपाल साहब और एक कबीरवंशी फकीर को अलग-अलग जागीरें दीं। सुरतिगोपाल साहब वाली जागीर का महत्त्वपूर्ण हिस्सा कबीर-गाँव 'बलुआ' (समाधि से दो किमी. दूर) में सुरक्षित है, जहाँ पर कबीरचौरा मठ की खेती होती है और उस खेती की आय के एक हिस्से से मगहर का 'संत कबीर अचार्य रामबिलास इंटर कालेज' चलता है।

संत कबीर की महत्ता को समझते हुए भारत सरकार ने दोनों समाधियों के लिए जल और बिजली की व्यवस्था कर दी है और एक छोटा-सा पार्क बनवाया है।

मगहर रेलवे स्टेशन पर संत कबीर की साखियाँ लिखी हुई हैं और समाधि स्थान तथा धूनी की ओर जाने के लिए रास्तों के निर्देश दिए गए हैं।

संत कबीर की स्मृति को सुरक्षित रखने के लिए भारत सरकार ने 'संत कबीर सूती मिल', मगहर की भी स्थापना की है। इस तरह मगहर का इलाका अब भी वस्त्र बुनकरों का तथा हथकरघा कर्मियों का एक प्रसिद्ध केंद्र है।

कबीर की कर्म-परंपरा वहाँ चली आ रही है। धर्म-निरपेक्ष, धर्म-परंपरा केवल कबीरपंथी साधुओं और अनुयायियों में सुरक्षित है, लेकिन कबीर के प्रभाव के कारण यहाँ कभी कोई हिंदू-मुस्लिम विवाद नहीं हुआ। कबीरपंथी (प्रायः हिंदू) और कबीरवंशी (प्रायः मुसलमान) एक साथ प्रेमपूर्वक रहते हैं।

आमी नदी : आहूत अमृत-स्त्रोत

गोरखतलैया और धूनी से अलग होकर समाधि के पास जिस पर्णकुटी में संत कबीर रहते थे उसके निकट उन्होंने एक गुफा बनवा ली थी। उसमें वे साधना करते थे। गुफा से बाहर निकलने पर संत-सेवक और भक्त वहाँ आया-जाया करते थे। एक बार साधु-भोज का आयोजन हो गया। तलैया दूर पड़ती थी। वहाँ से जल लाने में साधुओं और भक्तों को काफी कष्ट हो रहा था। इसलिए आश्रम और तलैया से प्रायः एक किमी. दूर कभी बहनेवाली, तब अकाल के कारण सूखी नदी का कबीर को स्मरण आया और उन्होंने उसका आवाहन किया। थोड़ी ही देर में उफनता हुआ जल-स्त्रोत मिट्टी काटता हुआ प्रवाह की विपरीत दिशा में आश्रम के निकट आ गया और फिर संत कबीर के निर्देश पर कुछ दूर आगे जाकर फिर मुड़कर अपने मूल प्रवाह में मिल गया। आज भी संत के इस चमत्कार को देखने के लिए आमी नदी के उल्टी दिशा में मुड़ने और फिर आश्रम के पास से होकर मूल प्रवाह की दिशा में जाने के प्रमाण मौजूद हैं। कोई नदी साधारणतः उस तरह का उल्टा चक्कर नहीं लगाती। जल अधोगामी होता है, लेकिन यहाँ कबीर के प्रभाव से ऊर्ध्वगामी होकर फिर अधोगामी हुआ है। इस नदी का जल मीठा होता है और विशेष रूप से आश्रम के पास का जल अपनी पेय-क्षमता के लिए प्रसिद्ध है।

'आमी' शब्द 'अमृत' का ही विकसित रूप है। कबीरपंथी साधुओं में एक प्रसिद्धि है कि बहुत समय तक समाधि के पास के जल को एक विशेष प्रतिष्ठा प्राप्त थी। लोग उसे अमृत मानते थे। उदर विकास, शिरोवेदना या पुराने बुखार

के लिए यह जल विशेष रूप से पिया जाता था और इस जल में स्नान करने से तमाम तरह के साध्य-असाध्य चर्मरोग दूर हुआ करते थे। मगहर से जब कबीरपंथी साधुजनों का मुख्य केंद्र हटा और कबीरचौरा में ही प्रधान महंत का निवास हो गया, तब धीरे-धीरे वहाँ साधुओं और आगंतुकों की संख्या कम होने लगी। शायद इसीलिए अब बहुत कम संख्या में लोग वहाँ रोग-निवारण-स्नान के लिए अथवा जल पीने के लिए जाते हैं। कबीर निर्वाण दिवस के अवसर पर इस भाव से स्नान और जल पीने का कार्य संपन्न होता है और संत-महंतों के आशीर्वाद से लोगों के दुख दूर होते हैं।

पहले जल-स्नान और जल-पान का रोगोपचार के रूप में प्रत्येक पूर्णिमा को उपयोग होता था। इसी के दृष्टिगत 17 जून, 1981 ज्येष्ठ पूर्णिमा को जल जगाने की क्रिया संपन्न की गई और फिर प्रत्येक पूर्णिमा को रोगी अपनी मनोवांछा की पूर्ति के लिए यहाँ आते हैं।

आमी नदी के तट पर समाधि से लगा हुआ एक मुस्लिम प्रार्थना स्थल (मस्जिद) भी है, जिसमें विभिन्न अवसरों पर नमाज के लिए मुस्लिम धर्मानुयायी आते हैं और आमी नदी के जल से शरीर पवित्र करते हैं। नमाज पढ़ते हैं और संत कबीर की कब्र और समाधि देखकर श्रद्धापूर्वक लौट जाते हैं।

समाधिस्थल से पीछे थोड़ी ही दूर पर संत कबीर की गुफा है। यह मुख्यतः मिट्टी से निर्मित और काफी गहरी है। इसमें उत्तर से चक्र आरंभ होते हैं और चार चक्रों के बाद पश्चिम की ओर यह समाप्त हो जाती है। गुफा का यह आधुनिक रूप संभवतः एक शताब्दी पुराना है, जिसे मूल कबीरगुफा के जीर्णोद्धार के रूप में निर्मित किया गया। यह पवित्र स्थान है और सभी कबीरपंथी अत्यंत आदर के साथ उस गुफा का दर्शन करने जाते हैं। लोग लालटेन की रोशनी के सहारे उसके भीतर प्रवेश करते हैं। यह कहना कठिन है कि इस गुफा का उपयोग किसी गोपनीय साधना के लिए अब भी होता है। लेकिन साधकों को यहाँ रहने और साधना करने के लिए यथासंभव सुविधाएँ मिल जाती हैं।

मगहर, कबीरचौरा और लहरतारा तीन ही प्रमुख कबीर तीर्थ हैं। लेकिन संत कबीर ने अपनी यात्राओं से, अपने प्रभावों से अनेक स्थानों को प्रसिद्धि दिलाई है। उनके अनुयायियों और शिष्यों के प्रभाव से कुछ स्थान तीर्थ की प्रतिष्ठा प्राप्त कर चुके हैं। दोनों तरह के स्थानों में जगन्नाथपुरी (उड़ीसा), झूँसी (इलाहाबाद), धनौती (बिहार), तधवा (बेतिया, बिहार), फतुहा (पटना, बिहार), कुदरमाल (मध्य प्रदेश),

दामाखेड़ा (मध्य प्रदेश), खरसिया (मध्य प्रदेश), बुहारनपुर (मध्य प्रदेश), बिद्दूपुर (हाजीपुर, बिहार), रसड़ा (समस्तीपुर, बिहार), कबीर वट (गुजरात) इत्यादि स्थान तीर्थ की गरिमा प्राप्त कर चुके हैं। इन स्थानों से जुड़े हुए हजारों मठ हिंदुस्तान से लेकर फीजी, ट्रिनिडाड और मॉरीशस तक फैले हुए हैं। पंथ की अनेक शाखाएँ हो गई हैं, जिनकी संख्या 4 से लेकर 128 बताई जाती हैं। इसलिए स्वाभाविक है कि सभी शाखाएँ या उपपंथ अपने स्थान की प्रतिष्ठा के लिए प्रयत्न करें। लेकिन लहरतारा, कबीरचौरा और मगहर सबके सम्मानित तीर्थ हैं।

अध्याय : 15

कबीरचौरा मठ की आचार्य परंपरा

1518 ई. में संत कबीर का मगहर में निर्वाण हुआ। वहाँ की भीड़-भाड़ और भक्त-सेवकों का दायित्व कमाल साहब को सौंपकर इसी साल सुरतिगोपाल साहब काशी चले आए। उन्होंने कबीर साहब के झोपड़े को फिर से साधु-भगतों का केंद्र बनाया और इस स्थान का नामकरण 'कबीरचौरा' कर दिया। धीरे-धीरे पुराना नाम लुप्त हो गया और यह पूरा क्षेत्र ही 'कबीरचौरा' नाम से विख्यात हो गया। कबीर साहब के भक्तों और अपने प्रिय शिष्यों के अनुरोध पर सुरतिगोपाल साहब ने 'कबीरचौरा' को मठ का रूप दिया और यहाँ साधु-भगतों के आवास की व्यवस्था की। पवित्र 'भंडारा' स्थान को उन्होंने जगाया। कबीर साहब के संपोष को 'नीरू-नीमा' की कब्र को उन्होंने समाधि की पवित्रता दिलाई और यहाँ आनेवाले 'भगतों' को नीरू-नीमा की समाधि पर अंजुली-भर मिट्टी चढ़ाने की परंपरा को बढ़ावा दिया। धीरे-धीरे नीरू-नीमा की समाधि 'टीला' बन गई और 'नीरूटीला' के नाम से विख्यात हो गई।

सुरतिगोपाल साहब वृद्ध विद्वान और तेजस्वी साधु थे। कबीर साहब के ही प्रतिरूप थे। 1438 ई. में उनका जन्म हुआ था। 'सर्वानंद पंडित' नाम के विख्यात सुरतिगोपाल साहब ने संपूर्ण भारत में शास्त्रार्थ के लिए दिग्विजय यात्राएँ की थीं। वे एक बैल पर पुस्तकें लादकर चलते थे। उन्होंने कबीर के यश के संबंध में सुन लिया था। 1501 ई. में प्राय: 63 वर्ष की उम्र में वे काशी के कबीर स्थान पर आए। कुएँ पर कमाली नाम की एक साध्वी स्त्री पानी भर रही थी। उससे सर्वानंद पंडित ने कबीर के 'घर' का पता पूछा। उसने एक साखी में ही उत्तर दिया—

कबीर का घर शिखर पर, तहाँ सिलहली गैल।
पाँव न टिकै पिपीलिया, पंडित लादे बैल॥

सर्वानंद पंडित इस उत्तर से आहत हुए और शास्त्रार्थ के लिए कबीर साहब के निवास पर पहुँच गए। पंडितों और कबीर भक्तों की जमात के बीच दोनों का संवाद हुआ और अंतत: सर्वानंद पंडित ने 'सुरतिगोपाल' नाम से कबीर साहब से दीक्षा ली और उनके अत्यंत प्रिय शिष्य हो गए। ज्ञानवृद्धि और विद्वान होने के कारण कबीर के शिष्यों में उन्हें शीर्ष स्थान मिला। 1518 ई. में उन्होंने मठ की स्थापना की थी। उनका निर्वाण काशी और मगहर के बीच 1551 ई. एक यात्रा में हुआ था। आयु 113 वर्ष हो चुकी थी, फिर भी वे संत कबीर की ही तरह काशी की मर्यादा को चुनौती देते हुए मगहर जा रहे थे। बीच रास्ते में ही उनका निर्वाण हुआ। यह भी कहा जाता है कि अपने शिष्य 'ज्ञान साहब' को काशी और मगहर का दायित्व सौंपकर वे जगन्नाथपुरी चले गए थे। वहीं उनका निर्वाण हुआ।

ज्ञान साहब का जन्म 1520 ई. में हुआ था। 1540 ई. में 20 वर्ष की आयु में इन्होंने सुरतिगोपाल साहब से दीक्षा ली। वे वृद्ध गुरु का कामकाज शुरू से ही देख रहे थे। 1548 ई. में गद्दी अभिषेक हुआ और 1551 ई. में सुरतिगोपाल साहब के निर्वाण के बाद महंत हुए। ज्ञान साहब विद्वान साधु थे। वे काशी और मगहर के बीच निरंतर संबंध बनाए रखते थे। मगहर में रहकर उन्होंने कबीर साहब का एक जीवन-चरित्र लिखा था, जिसमें अभिशप्त ब्राह्मण दंपती को जुलाहे के रूप में पुत्र भाव देने का प्रभु ने वचन दिया था। इस तरह ज्ञान साहब पहले महंत थे, जिन्होंने संत कबीर के जन्म-वृत्तांत को ब्राह्मणों से जोड़ा और उन्हें ईश्वर का ही अवतार कहा। इस प्रकार कबीर के जीवन को पुराण के कथा से जोड़ने का काम उन्होंने ही किया था। यह 'जीवन-चरित्र' मगहर धूनी पर रहनेवाले साधु-महंतों के पास 1913 ई. तक सुरक्षित था। इस ग्रंथ का लिपि काल 1569 ई. कहा जाता है। 1570 ई. में ज्ञान साहब का निर्वाण हुआ।

श्याम साहब की जन्म-तिथि के विषय में कुछ पता नहीं चलता। वे ज्ञान साहब के प्रिय शिष्य और उत्तराधिकारी थे। 1570 ई. में वे महंत बने और 1585 ई. तक कबीरचौरा, मगहर तथा अन्य मठों की देख-रेख करते रहे। वे साधुओं का भंडारा करते रहते थे। विरक्त साधु थे। उन्हें लाल साहब जैसा तेजस्वी शिष्य मिल गया, इसलिए अल्पवयस्क लाल साहब को ही सारा दायित्व सौंपकर वे भजन-मनन में लगे रहते थे। कहते हैं कि श्याम साहब एक प्रसिद्ध योगी थे। योग-बल से एक ही साथ कई शरीरों में कई स्थानों पर विद्यमान रहना उनके लिए सरल था। वे बाह्य पूजा और औपचारिक पाठ इत्यादि के प्रशंसक नहीं थे। 1585 ई. में उनका निर्वाण हुआ।

श्री लाल साहब का जन्म 1560 ई. में हुआ था। 8 वर्ष की आयु में ही वे मठ में आकर साधु बन गए थे। बड़ा तेजस्वी रूप था। 25 वर्ष की आयु में महंत बन गए। वैसे यह कार्य वह 20 वर्ष की आयु से ही देखने लगे थे। लाल साहब साधना और लोक-व्यवहार दोनों क्षेत्रों में समान रूप से सक्षम थे। मठ में उन दिनों साधुओं की संख्या बहुत अधिक थी। मगहर, कबीरचौरा, लहरतारा तीनों स्थानों पर उन्होंने निर्माण कार्य कराया। लहरतारा के आसपास बहुत-सी जमीन उन्हें ही दान में मिली थी। प्राय: पूरा लहरतारा उन्हें दान में मिल गया। उन्होंने इस तालाब के गहरे जल वाले भाग में कमलवन लगवाया था। वर्तमान लहरतारा मंदिर का ऊँचा टीला उन्हीं के जमाने में एक मंदिर का रूप ले पाया। तालाब के आसपास की भूमि में उन्होंने ही कुछ धर्मच्युत अंत्यजों को बसाया। ये अंत्यज संत रैदास के परिवार से संबद्ध थे। बाद में जब रैदास जी सीर गोवर्धन में रहने लगे तो उनके कुल से संबद्ध लोग वहाँ चले गए थे। रैदास जी मूलत: मांडुर (मँडुवाडीह) के निवासी थे। लाल साहब ने मांडुर क्षेत्र को पुन: संत स्थान के रूप में विकसित करने का प्रयत्न किया। इसी क्रम में अहिंसक वृत्ति के कुछ अंत्यज भगत लहरतारा में आ बसे।

लाल साहब स्थानीय कार्य संपन्न करने के बाद बिहार, मध्य प्रदेश और गुजरात के विभिन्न स्थानों की धर्म-यात्रा पर निकले। वे अकबर के समकालीन थे। बिहार में अकबर के समकालीन सामंत ने लाल साहब को अनुदान में भूमि दी थी। इसी भूमि में सतमलपुर (समस्तीपुर) मठ बना। सतमलपुर मठ में इस अनुदान के कागज सुरक्षित हैं। डेविड लॉरेंजन ने अपने सर्वेक्षण में इस अनुदान-पत्र का फोटो लिया था। यह कार्य इन पंक्तियों के लेखक की देखरेख में संपन्न हुआ। बिहार के अनेक मठों की स्थापना भी लाल साहब ने ही की थी। सतमलपुर में लालासाहब का एक अत्यंत प्राचीन चित्र विद्यमान है। बाद में लाल साहब असम प्रदेश में धर्म-प्रचार के लिए चले गए। वहीं किसी स्थान पर 1626 ई. में उनका निर्वाण हुआ। कहा जाता है कि लाल साहब ने छोटे-बड़े 481 मठों का निर्माण कराया था। लाल साहब हिंदू-मुस्लिम दोनों संप्रदायों में समान रूप से लोकप्रिय थे। अकबर के 'दीनइलाही' का प्रत्यक्ष रूप 'लाल साहब' के व्यक्तित्व में मिलता था। उनके मई मठों का नाम तकिया लाल साहब था। बाद में लाल साहब को ही लोग तकिया लाल साहब कहने लगे थे।

लाल साहब महाकवि तुलसीदास के समकालीन थे। जब लाल साहब का यश बढ़ने लगा तो तुलसीदास जी कबीर मठ आए। यद्यपि वे लाल साहब से आयु में 17

वर्ष बड़े थे, तब भी मठ में उन्हें उचित सम्मान नहीं मिला। तुलसीदास जी स्पष्टत: संत कबीर के प्रभाव से संघर्ष कर रहे थे। यहीं मठ में उन्होंने ब्राह्मण विरोधी 'बीजक' का पाठ सुना था और नाराज होकर "साखी सबदी दोहरा, कह कहिनी उपखान। भगति निरूपहिं अधम कलि, निंदहिं वेद पुरान।" दोहा लिखा था। वे बीजक सुनने और उसका विरोध करने के लिए ही मठ में आते थे। लेकिन तत्कालीन ब्राह्मणों को यह भी रास नहीं आया। वे उन्हें 'जोलहा मठ' में आने-जानेवाला 'जोलहा' कहने लगे। तब दुखी होकर तुलसीदास ने लिखा, "धूत कहे, अवधूत कहे, रजपूत कहे, ज़ोलहा कहे कोऊ"। वस्तुत: 'मानस' बीजक के प्रत्युत्तर में लिखा गया। इस प्रकार लाल साहब और तुलसीदास का संबंध संघर्ष का ही संबंध था।

हरिसुख साहब की जन्म-तिथि के विषय में कुछ पता नहीं चलता। वे वयस्क होने पर दीक्षित हुए। अत्यंत व्यवहारकुशल संत थे। उन्हीं के ऊपर मगहर, कबीरचौरा और लहरतारा का दायित्व सौंपकर लाल साहब धर्मयात्रा में निकले। बाहर लाल साहब मठ बना रहे थे और इधर कबीरचौरा पर संतों-भगतों की भीड़ बढ़ती जा रही थी। हरिसुख साहब पंथ की लोकप्रियता के अनुरूप व्यवस्थाएँ कर लेते थे। यह स्पष्ट कर देना आवश्यक है कि उन दिनों मठ में अन्न या धन का संग्रह नहीं होता था। प्रात:काल से लेकर 10 बजे रात तक भक्तों के यहाँ से बहँगी लदकर आती थी। उसमें आगत-अतिथियों और साधुओं के लिए भोजन रखकर बाकी सामान गरीबों में बाँट दिया जाता था। यह क्रम नित्य चलता था। स्थानीय साधु यथावसर सब्जी लगाते थे, फलों के बगीचे लगते रहते थे और अपने श्रम से अपने खान-भर अर्जित कर लेते थे। हरिसुख साहब बड़ी सख्ती से किसी भी प्रकार के संग्रह का विरोध करते थे। यही कारण है कि उनके समय सर्वाधिक मठों का विस्तार हुआ। हरिसुख साहब 1626 ई. में मठ की गद्दी पर महंत के रूप में आसीन हुए। 1640 ई. तक मठ का काम देखने के बाद शीतल साहब को गद्दी देकर धर्म-प्रचार के लिए निकल गए। मगहर के आसपास जंगली क्षेत्र में अपनी जमात के साथ जा रहे थे, तभी किसी सिंह ने साधुओं की जमात पर आक्रमण किया। इसी आक्रमण में हरिसुख साहब को चोटें लगीं। उन्होंने कोई औषधि-उपचार नहीं स्वीकार किया। इस आक्रमण को काल का निमंत्रण और प्रभु का विधान मानकर धीरे-धीरे समाधिस्थ हो गए।

शीतल साहब की जन्म-तिथि 1608 ई. बताई जाती है। 1640 में 32 वर्ष की आयु में वे गद्दी पर बैठे। शीतल साहब के साथ मगहर यात्रा में वे भी जा रहे थे। सिंह के आक्रमण के समय वे जमात में थे, लेकिन संयोगवश उन्हें कोई चोट नहीं

आई। शीतल साहब कठिन साधक थे। यद्यपि पंच में 'हठयोग' को कोई स्थान प्राप्त नहीं था, लेकिन शीतल साहब हठयोगी थे। कबीरचौरा मुहल्ले में स्थित अवघड़नाथ की तकिया के अघोरियों से उनका संबंध रहता था। वे मैदागिन चौराहे के पास स्थित (कबीरचौरा के पास) गोरखनाथ के मठ में भी जाते थे। कनफटा योगियों से भी उनका संबंध था। यही कारण था कि शीतल साहब गुप्त साधना के द्वारा एकनाथ कबीरपंथी के रूप में विकसित हुए। वे खानपान में अघोरियों और नाथों के अनुगामी नहीं थे। वे सिद्ध कर देना चाहते थे कि बिना मसान जगाए, पंचमकारों का सेवन किए भी अलौकिक सिद्धियाँ प्राप्त की जा सकती हैं। वस्तुतः वे दक्षिणपंथी तांत्रिक थे। संत कबीर के समय में प्रसिद्ध 'सहजयोग' को उन्होंने अपने जीवन में सक्रिय साधनात्मक रूप दिया। वे हठयोग से लेकर सहजयोग तक की तमाम साधना-पद्धतियों के विज्ञ थे। अवघड़, नाथपंथी, कनफटे, यती सभी प्रकार के साधक उनके पास आते रहते थे। शीतल साहब ने अपनी सिद्धियों से भगतों, सेवकों को भी आकृष्ट किया। उनसे लोग तमाम तरह की अपेक्षाएँ करने लगे। इसलिए भगतों, साधुओं के सामने वे कम ही प्रकट होते थे। रात-विरात वे मठ से निकल जाते थे और यहाँ-वहाँ घूमते रहते थे। धीरे-धीरे उनके विषय में अंध-विश्वास बनने लगे। कोई कहता वे रात को भूतों की बारात के साथ चलते हैं। कोई कहता कि रात को उनकी बग्घी में सिंह जुटे रहते हैं और साक्षात दुर्गा उनकी गाड़ी हाँकती हैं। उन्हें आकाशचारी साधु भी कहा जाता था। इन अनुश्रुतियों की प्रामाणिकता के विषय में कुछ कहना कठिन है, लेकिन इनसे पता चलता है कि शीतल साहब चमत्कारी, रहस्यमय कथावृत्तों से घिरे हुए विलक्षण साधु थे। 1650 ई. में उनका निर्वाण हुआ।

श्री सुख साहब की जन्म-तिथि अज्ञात है। शीतल साहब के योग्यतम शिष्य होने के कारण उनके आसपास साधुओं-जिज्ञासुओं का मेला लगा रहता था। उन्हें अपने गुरु की विद्या उत्तराधिकार में मिली थी। भूत, भविष्य दर्शन के कारण उन्हें बड़ी लोकप्रियता प्राप्त थी। पापी-व्यभिचारी उनके निकट आते ही नहीं थे। उन्होंने एक मुस्लिम सामंत की लगातार चुनौतियों के जवाब में उसकी पत्नी के वक्ष-देश में निहित एक रोगचिह्न के बारे में बताया। वास्तविकता का ज्ञान होने पर सामंत ध्वस्त हुआ और उसने संत की कृपा माँगी। सुख साहब की कृपा से रोग दूर हुआ। सुख साहब केवल चमत्कारी साधु ही नहीं, बल्कि अत्यंत उच्च कोटि के वक्ता और प्रवाचक थे। वे कबीर साहब की तरह अनूठी उक्तियाँ कहते थे। बात-बात में साखियाँ बोलते थे। इसलिए कुछ लोग उन्हें दूसरा कबीर भी कहने लगे थे। आकृति-प्रकृति से भी वे

अत्यंत विशिष्ट थे। इसीलिए जब वे मगहर जाकर उपदेश कर रहे थे तो हिंदू-मुस्लिम जनता की समान श्रद्धा देखकर तत्कालीन सामंत ने सुख साहब को 'बलुआ' ग्राम की पर्याप्त भूमि दानस्वरूप दी। आजकल इसी स्थान पर मठ की खेती होती है।

श्री सुख साहब धर्मदास जी की चक्रवर्ती प्रतिभा से अत्यंत प्रसन्न थे। उन्होंने कबीरचौरा से धर्मदास का संबंध जोड़ा। उन्हें 'सत्यनाम' मंत्र दिया। यद्यपि 'कबीरचौरा' रामनाम का अनुयायी है लेकिन सुख साहब ने 'सत्यनाम' को अधिक व्यापक अर्थ देते हुए 'धर्मदास' को यह मंत्र दिया था।

सुख साहब का सबसे बड़ा योगदान धर्मदास की खोज है। कबीरपंथ में साधु आचार्य की हैसियत में गृहस्थों को प्रतिष्ठित करने का श्रेय सुख साहब को ही है। उन्होंने स्त्री साधुओं के लिए भी कबीरपंथ का द्वार मुक्त किया था, लेकिन कबीरचौरा के विरक्तों ने इसे स्वीकार नहीं किया। कबीरचौरा वाले हठयोग चमत्कार और पंथ में स्त्री प्रवेश के सदैव विरोधी रहे हैं। इसलिए सुख साहब को जहाँ अखिल भारतीय प्रतिष्ठा और धर्मदास जी जैसे धनपति धर्मात्मा की भक्ति मिली, वहीं स्थानीय साधुओं का विरोध भी सहना पड़ा। सुख साहब के बाद 'पंथ' के आचार्य साधुओं के लिए बहुत अधिक घूमना या मुक्त रहना वांछित नहीं रह गया। सन् 1675 ई. में सुख साहब का मध्य प्रदेश में ही कहीं निर्वाण हुआ था। एक तरह से हुलास साहब को 'मठ' का दायित्व सौंपकर वे परिव्राजक हो गए थे।

नवें आचार्य श्री हुलास साहब बाल्यावस्था में ही बिहार के किसी अंचल से आकर साधु बन गए थे। इनका जन्म 1645 ई. में हुआ था। सुख साहब के यात्रामग्न रहने के कारण मठ के कार्य इन्हें ही देखने पड़ते थे। 1675 ई. में गद्दी पर आसीन होने के बाद हुलास साहब ने 'मठ' की व्यवस्था पर बल दिया। साधुओं के लिए अनेक स्थानों पर झोंपड़े निर्मित कराए। धर्मदास साहब के कारण मध्य प्रदेश के भगतों का आना-जाना बहुत बढ़ गया था, इसलिए अन्न संग्रह और बड़े भोजनभंडारों की भी उन्हें व्यवस्था करनी पड़ती थी। उन्होंने बिहार के वर्तमान भोजपुर जिला के आरा नगर के पास 'आयर' गाँव को अपना एक प्रमुख केंद्र बनाया। श्री हुलास साहब के समय क्षत्रिय-ब्राह्मण कबीरपंथियों की संख्या बढ़ी। इनके पूर्व अधिकांश कबीरपंथी अंत्यज या पिछड़े वर्गों के ही लोग होते थे। हुलास साहब ने उच्चवंशियों के लिए 'पंथ' का द्वार खोल दिया। उनके शिष्यों में अनेक मुसलमान पठान भी थे। हुलास साहब सहजयोग सिद्ध करनेवाले साधु थे। उन्होंने समाधिस्थ होने की पूर्व सूचना दी और समाधि आसन पर बैठ गए। इसी समय किसी भक्त पुरोहित ने

आकर सूचना दी कि अगले अट्‌ठारह दिनों तक अच्छा मृत्यु योग नहीं है। हुलास साहब अट्‌ठारह दिनों तक उसी आसन पर योगस्थ सप्राण बैठे रहे। उन्नीसवें दिन ब्रह्म मुहूर्त में 1696 ई. में उन्होंने प्रयाण किया। आयर में उनकी समाधि सुरक्षित है। कहा जाता है कि यदि कोई व्यक्ति मांस-मदिरा का सेवन कर 'मठ' के प्रांगण में प्रवेश करता है तो विक्षिप्त हो जाता है। आयर में अर्से तक मुख्य साधु के रूप में रहनेवाले संत गंगाशरण दास इस प्रकार के अनुभवों की कथा सुनाते हैं। उस गाँव का एक विक्षिप्त वर्षों कबरीचौरा में टिका रहा। बीच-बीच में उसका पागलपन उभरता रहता था। यहाँ मठ में वह साधु शाकाहारी के रूप में रहता था।

हुलास साहब के समय कबीरपंथ पर वैष्णव प्रभाव बढ़ा। वे प्रकृत्या वैष्णव और साधना के योगी थे। अवघड़ों, अवधूतों और नाथों का पंथ से संबंध-विच्छेद हुलास साहब के समय से भी प्रारंभ हुआ।

माधव साहब की जन्म-तिथि अज्ञात है कि वे बाल्यावस्था में ही विरक्त हो गए थे। बहुत कम बोलते थे। अधिकांशतः ध्यान में ही रहते थे। कहते हैं कि वे सहज योगी थी। अकेले ही कुछ बोलते रहते थे। ऐसे आत्मलीन संतों को देखकर ही 'मिट्टी के माधव' मुहावरा बना होगा।

माधव साहब के समय मठ में वैष्णवों और वैरागियों का आवागमन बढ़ा। हठयोगियों, तांत्रिकों और अवघड़ों का मठ में सम्मान समाप्त हो गया। माधव साहब के निर्देशन में रोगियों के उपचार की परंपरा बढ़ी। वे स्वयं अच्छे वैद्य थे। जड़ी-बूटियाँ एकत्र कर औषधियाँ बनाते थे और दीन-दुखियों में बाँटा करते थे। मठ में अक्सर जड़ी-बूटी बेचनेवाले आया करते थे। बाद में कबीरचौरा क्षेत्र जड़ी-बूटियों के विक्रय का केंद्र बन गया। आजकल भी गोला दीनानाथ वन्य औषधियों का सबसे बड़ा बाजार है। यह परंपरा माधव साहब के समय में प्रारंभ हुई थी। 1696 ई. में माधव साहब गद्दी पर बैठे और 1710 ई. में उनका निर्वाण हुआ। उन दिनों मठ में वैष्णव प्रभाव बहुत अधिक था, इसलिए कबीरचौरा मठ में ही निर्वाणस्थ होने के बावजूद उन्हें समाधि नहीं दी गई। उनका गंगा नदी में शव-स्थापन हुआ था।

माधव साहब औरंगजेब के समकालीन थे। कबीर मठ को हिंदू-मुस्लिम एकता का प्रतीक और मूलतः मुसलमान स्थान समझकर औरंगजेब ने कोई छेड़छाड़ नहीं की। यहाँ मूर्ति पूजा वर्जित ही थी, इसलिए 'संत कबीर' का मार्ग उसे अपना ही मार्ग नजर आया। यहीं 'औघड़नाथ' की मढ़ी में उनका मनोबल टूट चुका था। वह अंधा होने से बच गया था। इसलिए उसने मठ के प्रति सम्मानभाव रखा।

माधव साहब के बाद कोकिल साहब गद्दी पर बैठे। उनका मूल नाम रामसुमेर दास था, लेकिन सुकंठ गायक होने के कारण माधव साहब उन्हें 'कोकिलदास' कहा करते थे। 1710 ई. में अपने गुरु का स्नेह स्मरण करते हुए वे 'कोकिल साहब' नाम से गद्दी पर बैठे। कोकिल साहब ने 'बीजक पाठ' की परंपरा को संगीतबद्ध किया और निर्गुन गीतों की लोक धुन उनकी ही खोज है। आज भी गोरखपुर, गाजीपुर, बलिया, छपरा के 'निरगुनिया' उन्हीं की शैली में 'निर्गुन' गाते हैं।

कोकिल साहब साधुओं की जमात के साथ 'खँजड़ी' लेकर बाहर निकलते थे और प्रवचन या उपदेश की जगह केवल 'निर्गुन' गाते थे। उनकी गायन-सभाओं में अपार भीड़ होती थी और पाया जाता था कि गाँव से जमाते निकलते-निकलते दो एक नए सदस्य बढ़ जाते थे। होता यह था कि उनके निर्गुन के प्रभाव के कारण लोग विरक्त होकर उनकी जमात में सम्मिलित हो जाते थे। इसीलिए 'कोकिल' साहब की जमात से लोग डरने लगे। बाद में वे मध्य प्रदेश चले गए। वहीं आदिवासियों में 'निर्गुन' गाते-बजाते कहीं किसी स्थान पर उनका निर्वाण हुआ। संभवत: 1721 ई. में उनका निर्वाण हुआ, क्योंकि बहुत दिनों तक उनका समाचार न मिलने पर 'मठ' के संतों ने 1721 ई. को उनका 'निर्वाण' मानकर उनके शिष्य श्री राम साहब को महंत के रूप में अभिषेक किया।

श्री राम साहब ने कोकिल साहब की पाठ और 'निर्गुन' परंपरा बरकरार रखी। उन दिनों मुगल साम्राज्य पतनोन्मुख था। धार्मिक-भावना के स्थिरीकरण के लिए ऐसा ही समय उपयुक्त होता है। श्री राम साहब ने इस तथ्य को जाना, इसलिए उन्होंने मठों के संगठन पर जोर दिया। बिहार, मध्य प्रदेश, उत्तर प्रदेश, गुजरात और बंगाल में स्थापित सभी मठों में उन्होंने साधु भेजे और सभी मठों के बीच एक अनिवार्य अंत:संबंध बना दिया। साधुओं के लिए अनिवार्य आचार-संहिता भी उन्होंने निर्धारित की और गो तथा भूमि की सेवा को साधुओं के लिए अनिवार्य कर दिया। उनके जमाने में सभी मठों में खेती बढ़ी और गोपालन भी हुआ। मठों की परनिर्भरता को कम करने में राम साहब ने नया योगदान किया।

श्री राम साहब ब्रह्मचारी थे। उनका व्यक्तित्व आकर्षक था। ब्रह्मचर्य, व्यायाम, प्राणायाम और योगासन को उन्होंने साधु धर्म के रूप में स्थापित किया। उनके साधु साधारणत: गृहस्थों से नहीं मिलते थे। स्त्रियाँ मठ में प्राय: नहीं आती थीं। बिना नमक के साधु शाक का 'कबीरपंथ' में प्रचलन श्री राम साहब के जमाने में हुआ। श्री राम साहब उदार संत थे। भगताही शाखा के साधुओं से निकटता उनके समय

की उपलब्धि है। धनौती और कबीरचौरा की घनिष्ठता का काल राम साहब का ही काल है। 1740 ई. में राम साहब का निर्वाण बिहार के किसी मठ में हुआ।

श्री महा साहब का जन्म 1701 ई. में हुआ था। वे सदाचारी और विनम्र साधु थे। स्नान, पूजा-पाठ, पंक्ति (भोजन) का विधिवत स्वयं पालन करते थे और इनकी अनिवार्यता साधुओं के लिए भी निर्धारित करते थे। साधारणतः वे संपत्ति और संचय के विरोधी थे। अन्न, फल, शाक, दूध के सिवा अन्य प्रकार का द्रव्यदान सेना-चाँदी और रुपया नहीं स्वीकार करते थे। उनके प्रिय शिष्यों का मुख्य केंद्र जयपुर-जोधपुर था। राजस्थान में कबीरपंथ का जितना प्रचार महा साहब के समय हुआ, उतना और किसी आचार्य के समय नहीं हुआ। दादूपंथ के कबीरपंथ को निकट ले आने का श्रेय महा साहब को ही है। उन्हीं दिनों 'दादूग्रंथ' के रूप में अनेक 'कबीर बानी' ग्रंथ हस्तलेख के रूप में लिखे गए। 'कबीर बानी' नाम के सैकड़ों हस्तलेख मिल-जुलकर हस्तलेखों की 'राजस्थानी शैली' निर्माण करते हैं। हस्तलेखों में शिरोरेखा, घुमाव, खत इत्यादि की दृष्टि से विशेषता पाई जाती है। इसी परंपरा के दो हस्तलेख नागरी प्रचारिणी सभा, वाराणसी में है। इनकी संख्या 108 क और 108 ख है। इन्हीं हस्तलेखों के आधार पर कबीर ग्रंथावली का संपादन हुआ है। कोई भी आदमी प्रथम दृष्टया कबीर की रचनाओं में राजस्थानी प्रक्षेपों को देखकर अनुमान कर सकता है कि बनारस को राजस्थान में इतनी लोकप्रियता मिली कि आज राजस्थान के 'ढोलामारू रा दूहा' और कबीर ग्रंथावली की रचनाओं में अंतर करना अत्यंत कठिन हो गया है। कबीर की भाषा में 40 प्रतिशत राजस्थानी प्रक्षेप और णत्व विधान महा साहब की राजस्थान में लोक-प्रतिष्ठा के परिणाम हैं। इकसठ वर्ष की आयु में 1762 में राजस्थान में ही महा साहब का निर्वाण हुआ था।

श्री हरि साहब 1762 ई. में गद्दी पर बैठे। वे 'रमतायोगी' थे। मठ का कार्य शिष्यों को सौंपकर यहाँ-वहाँ घूमा करते थे। उनके साथ शिष्यों की जमात चलती थी। वे शास्त्रार्थ और साधुसंवाद की स्थितियाँ पैदा करते रहते थे। सूफियों और हठयोगियों से अनेक स्थानों पर इनके संवाद हुए। ये निश्चित प्रकार के 'साधुभेष' के हिमायती थे। कुबड़ी, कमंडल, चिमटा, खंती धारण करने की छूट इनके जमाने में ही मिली। हरि साहब के पहले कबीरपंथी कुबड़ी, कमंडल या कोई लौह अस्त्र नहीं धारण करते थे। हरि साहब ने वैरागियों, नागाओं के समानांतर कबीरपंथी साधुओं को एक संगठित रूप दिया।

1762 ई. में हरि साहब गद्दी पर बैठे और केवल 8 वर्ष बाद ही 1770 ई. में पंचतत्त्व को प्राप्त हुए। उन्हें काशी में जलसमाधि दी गई। अनुश्रुति है कि उनकी शवयात्रा में एक लाख साधु-भगतों ने मणिकर्णिका तक अनुगमन किया था।

श्री हरि साहब के शिष्य शरण साहब 1770 ई. में गद्दी पर बैठे। विद्वान और चिंतक थे। वस्तुतः वे पारखी विद्वान थे। उनके शिष्य रामरहस्य साहब परम विद्वान और कवि थे। शरण साहब की प्रेरणा से उन्होंने पंचग्रंथी नामक ग्रंथ लिखा था। इसे बीजक की प्रथम टीका कहा जाता है। रामरहस्य साहब को टेकारी राज्य की ओर से गया नगर के बीच 16 एकड़ भूमि मिली थी, जिसमें शरण साहब ने 'कबीरबाग' की स्थापना कराई। अब भी कबीरबाग कबीरचौरा मठ की ही संपत्ति है, जहाँ मठ का पुराना मठ है। इधर हाल में ही नए मठ का निर्माण हुआ है।

शरण साहब लेखन, अध्ययन और भवन-निर्माण को प्रोत्साहन देते थे। जागरूक संत थे। 1800 ई. में कबीरचौरा मठ में ही उनका मोक्ष हुआ और उन्हें यहीं समाधि दी गई। यह संयोग है कि मठ में उन्हें ही पहली बार समाधि दी गई। यह समाधि पवित्र पूजा स्थान है। समाधिपूजक कबीर-पंथी इस समाधि की पूजा करते हैं।

श्री पूरण साहब गढ़वाल क्षेत्र के रहनेवाले पहाड़ी बाबा थे। उनके शरीर पर बाल नहीं थे। रंग पीला था। वे बालयोगी थे। भंडारा के पास ही उनका आसन रहता था। महंत होने के बाद भी वे भंडारा में भोजन इत्यादि की देखरेख करते रहते थे। गोसेवा में उनकी रुचि थी। उनके समय में 21 काली गाएँ रखी जाती थीं। जो पूरण साहब के पुकारते ही उनके आसपास घिर जाती थीं। उन्होंने सबका अलग-अलग नाम रखा था। नाम लेते ही वे अलग-अलग पूरण साहब के पास आ जाती थीं। शायद उन्होंने कोई 'गोश्री' सिद्ध कर रखी थी। विशेष अवसरों पर इन गायों का पूजन होता था। पूरण साहब मुक्तभाव के शिष्य बनाते थे। जाति-धर्म का विचार नहीं करते थे। उन्होंने पहाड़ी क्षेत्रों में जाकर 'निरंकार डोमों' को शिष्य बनाया था और उनकी आचार-संहिता में थोड़ा परिवर्तन किया था।

पूरण साहब के समय तक वैरागियों और कबीरपंथियों में काफी भेदभाव बढ़ चुका था। कबीरपंथी, वैरागियों को आसन नहीं देते थे। तिलक-माला और पत्थर-पूजन के कारण उन्हें घृणा की दृष्टि से देखते थे। पूरण साहब ने वैरागियों को पूर्व संबंध की याद दिलाई और उन्हें निकट कर लिया। उनके सबसे प्रिय शिष्य 'निर्मलदास' वैरागी ही थे। वे न तिलक चंदन छोड़ने को तैयार थे, न ठाकुर पूजा

ही छोड़ रहे थे। पूरण साहब ने उनकी साधुता को ध्यान में रखकर उन्हें मठ में प्रतिष्ठित पद दिया। निर्मल साहब घंटा, घड़ियाल, शंख और शालिग्राम के साथ मठ में आए। आरती की परंपरा को 'निर्मलदास' के अनुरोध पर पूरण साहब ने मठ में प्रारंभ होने दिया। पूरण साहब की उदारता के कारण मठ में हिंदू भगतों की संख्या बढ़ी। 'ठाकुर' और 'शंख' तो बाहर चले गए, लेकिन 'आरती' और 'घंटा' अब भी उनकी स्मृतिस्वरूप सुरक्षित हैं।

पूरण साहब 1800 ई. में गद्दी पर बैठे और 1823 ई. ने उनका निर्वाण हुआ। उन्होंने कबीरपंथ के अनुशासनों के प्रति उदार होकर निर्मलदास को अपने जीवनकाल में ही उत्तराधिकारी महंत बना दिया था।

श्री निर्मलदास 1823 ई. में निर्मल साहब नाम से गद्दी पर बैठे। वे वैरागी बाबा (वैष्णव) थे। शंख, घड़ियाल, आरती, ठाकुर और तुलसी के साथ मठ में आए थे। सत्ताईस वर्षों तक इस मठ में वैरागियों का वर्चस्व रहा। खान-पान, अमनियाँ, सागसुधार सभी आचारों पर वैष्णव प्रभाव निर्मल साहब की वजह से ही पड़े।

निर्मल साहब ने भजन-कीर्तन की परंपरा को बढ़ावा दिया। विभिन्न बाह्य मंत्रों के साथ कबीर के भजनों का गायन उन्हीं के समय प्रचलित हुआ। निर्मल साहब ने मठ के प्रांतर में बसनेवाले मथक पंडितों को भी मठ से संबद्ध किया। बड़े-बड़े कलाकार, यहाँ संगीत का कार्यक्रम लेते थे। ब्रह्ममुहूर्त में कुछ कत्थक संगीत का अभ्यास भी करते थे। कंपनी का राज बढ़ रहा था और फिरंगियों के प्रति घृणा बढ़ रही थी। निर्मल साहब के समय काशी के राजा और अन्य राजपरिवारों का भी मठ से संबंध हुआ। फिरंगियों के प्रति असंतोष पर यहीं बातचीत होती थी। इसी भूमिका के बल पर 1857 के गदर में कबीरचौरा क्षेत्र फिरंगी-विरोधियों का एक बड़ा अड्डा बन गया। "हाथी पर हौदा घोड़े पर जीन। सर पर पाँव रख भागा वारनहेस्टीन।" उक्ति इसी मुहल्ले में राधास्वामी मठ के पास वाले भवन में निर्मित हुई थी। इस मुहल्ले के नागरिकों ने अंग्रेजों के छक्के छुड़ा दिए थे।

1850 ई. में निर्मल साहब का स्वर्गप्रयाण हुआ। मठ में ही उन्हें समाधि दी गई।

अट्ठारहवें आचार्य रंगी साहब परम तेजस्वी संत थे। वे निरंतर बाहर घूमा करते थे। संग्रह और ऐश्वर्य के विरोधी थे। उन्होंने सभी मठों में धन संग्रह का विरोध किया। वे चाहते थे कि साधु कबीर साहब के सिद्धांतों के अनुरूप अपनी जीविका अपने श्रम से ही अर्जित करें और अपने त्याग और साधुत्व से इतने महत्त्वपूर्ण हो जाएँ कि समाज उनकी स्वयं चिंता करे। रंगी साहब भी दिन-भर पूजा या दान से भंडारा

कराते थे और बाकी बची सभी चीजें वितरित करा दिए करते थे। इस तरह साधु-चर्या की कठिन शर्तों के भीतर साधुओं को रहना पड़ता था। आया तो खाया नहीं तो यूँ ही भजन करते रह गए। रंगी साहब तेजस्वी वक्ता और अग्निधर्मी संत थे। वे टोपी नहीं पहनते थे। उनकी जटा बहुत बड़ी थी, जिसकी वे पगड़ी बना लिया करते थे। उनके नाकनक्श तीखे थे। उनके यहाँ शिष्यों और अनुयायियों की भीड़ लगी रहती थी। उनका चित्र कबीरचौरा मठ में सुरक्षित है। मुगल शैली का एक समूहचित्र भी है, जिसमें आरती-चौका कराते हुए रंगी साहब को प्रस्तुत किया गया है।

रंगी साहब राजसी प्रकृति के संत थे। 16 कहार की पालकी पर प्रायः 200 साधुओं की जमात लेकर निकलते थे। उनकी पालकी जीर्णावस्था में मठ में सुरक्षित है। रंगी साहब के समय काशी के राज-परिवार से गहरा संबंध हुआ। मठ का कुआँ और चहारदीवारी काशिराज ईश्वरी नारायण सिंह की सहायता से बनी। यह कुआँ 100 फीट गहरा है और इस पर राजकीय अनुदान का आलेख उत्कीर्ण है। 1857 के गदर में साधुमठ की भूमिका थी, जिससे कबीरचौरा में फिरंगियों को मुँह की खानी पड़ी थी।

रंगी साहब प्रायः 47 वर्षों तक मठ की गद्दी पर आसीन थे। उन्हें 1850 ई. में गद्दी दी गई और 1897 ई. में उनका स्वर्गारोहण हुआ।

रंगी साहब ने लहरतारा और मगहर के विकास के लिए भी पर्याप्त कार्य किया था। व्यवस्था और प्रभाव की दृष्टि से श्री लाल साहब के बाद श्री रंगी साहब दूसरे महत्त्वपूर्ण आचार्य सिद्ध होते हैं।

रंगी साहब के होनहार शिष्य श्री गुरुप्रसाद साहब 1897 ई. में गद्दी पर बैठे। मुजफ्फरपुर के मूल निवासी थे। उनका अधिकांश समय बिहार के मठों में बीता था। वहाँ की गरीबी, गिरती हुई धर्मव्यवस्था को उन्होंने निकट से देखा था। कलि के प्रभाव के कारण साधु और गृहस्थ उभय पक्षों में उन्हें धर्म की शिथिलता दिखाई पड़ रही थी। उन्हें भान हो गया था कि अब केवल गृहस्थों की श्रद्धा पर साधु-समाज सम्मानपूर्वक नहीं चल सकता। इसलिए उन्होंने कबीर साहब की ही तरह श्रमजीवी साधुता की ओर ध्यान दिया। मगहर की भूमि वीरान पड़ी थी। उसमें उन्होंने विधिपूर्वक कृषि की व्यवस्था की। बलुआ गाँव की खेती का आधुनिक रूप उन्होंने ही शुरू किया था।

'कबीरधूनी' और 'मगहर समाधि' का जीर्णोद्धार उन्होंने ही कराया। कबीरचौरा मठ का भी उन्होंने ही उद्धार कराया। यहाँ के जीर्ण-शीर्ण बीजक ग्रंथ का पुनर्लेखन

भी उनके समय में ही हुआ। गुरुप्रसाद साहब की पवित्र पोथी मठ में सुरक्षित है। 1916 ई. में उनका स्वर्गारोहण हुआ।

गुरुप्रसाद साहब ने अपने प्रिय शिष्य प्रेम साहब को 1907 ई. में गद्दी का उत्तराधिकारी बनाया। लेकिन गुरु के जीवनकाल में ही 1914 ई. में उन्होंने मगहर की आमी नदी में जलसमाधि ले ली। वे अत्यंत निष्ठावान साधु थे। योगी थे। संसार के प्रति नित्य विरक्त रहते थे। उन्हें कोई आसक्ति नहीं थी। शरीर से अस्वस्थ भी रहते थे। इसीलिए उन्होंने गुरु के जीवनकाल में जलसमाधि लेकर गुरु को चिंतामुक्त कर दिया। क्योंकि प्रेम साहब जानते थे कि उनके अनुज गुरुभाई अल्पवयस्क होते हुए भी मठ के कार्य संचालन में सक्षम हैं।

श्री रामविलास साहब का जन्म 1882 ई. में बिहार के पलामू जिले के हैदर नामक स्थान में हुआ था। 23 वर्ष की आयु में उन्होंने घर छोड़ा और कबीरचौरा में विरक्त हुए। इनके गुरु श्री गुरुप्रसाद साहब ने इन्हें हरिद्वार शिक्षा के लिए भेज दिया। वस्तुतः गुरुप्रसाद साहब चाहते थे कि ब्राह्मण-विद्या के केंद्र काशी में रहकर रामविलास साहब कोई ऐसा संस्कार न प्राप्त करें जो कबीर विरोधी हो। इसीलिए उन्होंने साधुओं के योग्य पवित्र तीर्थ हरिद्वार में ही उन्हें भेजा। उनकी तेजस्विता और प्रतिभा से प्रभावित गुरुप्रसाद साहब ने इन्हें 1915 ई. में महंत घोषित किया। 1916 ई. में वे गद्दी पर बैठे।

रामविलास साहब विद्वान और जागरूक साधु थे। स्वतंत्रता आंदोलन की लहर का उन पर प्रभाव था। उन्होंने 'कबीरदल' नामक साधु संगठन बनाकर साधुओं को आंदोलन में योग देने के लिए नियुक्त कर दिया था। धीरे-धीरे 'मठ' स्वतंत्रता सेनानियों का शरणस्थल बन गया। महात्मा गांधी, जवाहरलाल नेहरू, रफी अहमद किदवई, बाबू संपूर्णानंद, रघुनाथ सिंह इत्यादि जननेता यहाँ आने लगे। हरिजन आंदोलन के कर्मठ कार्यकर्ता कविवर वियोगीहरि के अनुरोध पर 1934 ई. में महात्मा गांधी मठ में आए और उन्होंने बताया कि उनकी माँ कबीरपंथी थी। चरखा, करघा, श्रमजीवी साधुता इत्यादि कबीरधर्मी तत्त्व गांधी जी के व्यक्तित्व से जुड़े। डॉ. पीतांबर दत्त बड़थ्वाल ने इसीलिए गांधी जी में संत कबीर का रूप देखा और इस विषय पर लेख लिखा। इस प्रकार आजादी की लड़ाई को नया रचनात्मक रूप देने में रामविलास साहब ने अपने ढंग से अद्भुत योगदान दिया।

रामविलास साहब अलौकिक सिद्धियों से संपन्न महात्मा थे। फीजी के महंत ने उनकी प्रतिभा से आकृष्ट होकर 1934 में समाधि मंदिर का निर्माण कराया। फिर

रामविलास साहब का ध्यान मठ के जीर्णोद्धार की ओर गया। बीजक मंदिर, नीरू टीला और आधुनिक घरों का निर्माण उन्होंने ही कराया। उनका समय सरस्वती-लक्ष्मी योग का समय था। उनके शिष्यों में राघव साहब अत्यंत प्रतिभाशील थे। उन्होंने बीजक की टीका लिखी। साखी ग्रंथ का संपादन किया और निरभिमान भाव से लहरतारा में रहते हुए अध्ययन-मनन में लीन रहे।

रामविलास साहब को ईश्वर कृपा से बहुत लंबा समय मिला। आजादी के बाद उन्होंने आजादी का मोहभंग भी देखा, इसीलिए वे 47 वर्ष के बाद आत्मलीन हो गए। किसी नेता, मंत्री को उन्होंने कभी मठ में नहीं आने दिया। तमाम सरकारी अनुदान से निर्ममतापूर्वक अस्वीकार करते थे। मगहर मंदिर, मगहर विद्यालय और मगहर कृषि फार्म के विकास के लिए भी उन्होंने पर्याप्त कार्य किए। आवास से लेकर खेती तक के आधुनिकीकरण का श्रेय उन्हीं को है।

रामविलास साहब के पास सच्चे साधुओं की अच्छी जमात थी। पं. रामेश्वरानंद (बड़ौदा) आचार्य अमृतसाहब, श्री रामसागर साहब, संत गंगाशरण दास, भगवान साहब, श्यामदास, अयोध्यादास जैसे शिष्यों की सहायता से उन्होंने मठ को 'मूलगादी' की प्रतिष्ठा के योग्य बना दिया। रामविलास साहब का निर्वाण 1972 ई. में 90 वर्ष की आयु में हुआ।

आचार्य अमृत साहब का जन्म 1912 ई. में गाजीपुर जनपद में हुआ। 1936 ई. में साधु बने और अपनी साधुता, कर्मठता और त्यागवृत्ति के कारण 1963 ई. में महंत घोषित किए गए। 1972 ई. में गुरु के स्वर्गारोहण के बाद इन्होंने गद्दी सँभाली।

आचार्य अमृतदास निरभिमान, सदाशय संत थे। बलिया से लेकर अहमदाबाद तक विभिन्न आश्रमों में रहकर इन्होंने अपनी कर्मठता और साधुता प्रमाणित की। जहाँ भी रहे, मठों का विकास हुआ। इस मठ की गद्दी सँभालते ही कुछ लोभी भक्तों-सेवकों के कारण मठ संकट में पड़ गया। अपनी सरलता के कारण लाखों की हानि उठाकर भी महंत जी ने मठ की प्रतिष्ठा बचा ली। कुछ ही दिनों में सब कुछ व्यवस्थित हो गया। उनकी कर्मठता के कारण आज यह मठ हर तरह से श्री-संपन्न है।

उनके समय में मठ में पुनः नई चेतना आई है। प्रकाशन और लेखन के कार्य तेजी से शुरू हो गए हैं। केवल नव वर्षों में ही मठ एक अंतरराष्ट्रीय प्रतिष्ठा प्राप्त साधु-संस्थान बन चुका है। नेता, मंत्री, विद्वान और साधु यहाँ आते ही रहते हैं। गोष्ठियाँ होती हैं। जुलूस निकलते हैं और कबीर जयंती के राष्ट्रीय स्तर के

कार्यक्रम होते हैं। उनके आशीर्वाद से संत कबीर के तीर्थों पर दो टेलीविजन फिल्में बनी हैं। अनेक विदेशी विद्वानों ने अनुसंधान कार्य किया है। उन्होंने कबीर साहित्य पर काम करने के लिए काशी हिंदू विश्वविद्यालय को 21000 रुपये का अनुदान दिया है, जिससे मठ के प्रियपात्र डॉ. शुकदेव सिंह के शोध छात्रों को 250 रुपये महीने की शोधवृत्ति मिलती है। कबीर के अनुसंधित्सुओं को यथावसर आवास और भोजन की सुविधा दी जाती है, जिससे वे मठ के पुस्तकालय का पूरी तरह उपयोग कर सकें। उनके प्रिय सहयोगियों में संत गंगाशरण दास, संत विवेकदास, संत विचारदास प्रमुख रहे। 1989 में उनके देहांत के बाद गंगाशरण दास, आचार्य एवं विचारदास उत्तराधिकारी नियुक्त किए गए। 2020 में गंगाशरण दास का देहांत हो गया। ये लोग महंत जी की योजनाओं को सक्रिय रूप देते हैं। आज कबीर मठ भारतवर्ष की सबसे प्रमुख ज्ञान-विद्या का संस्थान है। यहाँ से समाज सेवा के लिए 'कबीरदल' और 'कबीर मिशन' जैसी संस्थाएँ संचालित हैं। 1990 से विचारदास संत कबीर समाधि-स्थली मगहर में महंथ के पद पर आसीन हैं। उनके नेतृत्व में मगहर मठ उत्तरोत्तर विकास कर रहा है। तमाम सामाजिक और शैक्षणिक संस्थाओं का संचालन किया जा रहा है, जिसमें संत कबीर बालाश्रम (अनाथालय) संत कबीर वृद्धाश्रम, संत कबीर गोशाला, संत कबीर आचार्य अमृतदास महाविद्यालय, मगहर, संत कबीर गंगासागर बालिका इंटर कालेज, सीहापार, संत कबीर अमृत गंगा कन्या इन्टर कालेज, भरपहीं, गोरखपुर में संचालित हैं। इन संस्थाओं का कुशल संचालन महंथ विचारदास जी कर रहे हैं।

संदर्भ ग्रंथ सूची

1. कबीर धारा, सद्गुरु कबीर स्मारक संस्थान, मगहर, संत कबीर नगर
2. श्री सुधांशु अरुणाभ मिश्र की हिंदी विषय में पी-एच.डी. उपाधि हेतु दीनदयाल उपाध्याय गोरखपुर विश्वविद्यालय, गोरखपुर में प्रस्तुत शोध प्रबंध, 2012
3. श्री सुधांशु अरुणाभ मिश्र के परियोजना 'रंगनारायण पाल 'रंगपाल' के कृतित्व एवं लोक संस्कृत संवर्धन में उनकी उपदेयता एक समीक्षात्मक अध्ययन विषय पर प्रस्तुत प्रगति आख्या।
4. साध मता है सार, संपादक—डॉ. शुकदेव सिंह : विवेक दास, कबीरवाणी प्रकाशन केंद्र, वाराणसी, 1981
5. तारमेश्वरनाथ परिचय, लेखक—रामरक्षा भारती, आचार्य भारती कुटीर, रामपुर, तामेश्वरनाथ, बस्ती (वर्तमान में संत कबीर नगर), वर्ष—1970
6. कबीर एक अध्ययन, श्री रामरतन भटनागर, इलाहाबाद
7. कबीर एक नव्य बोध, श्री बैजनाथ प्रसाद शुक्ल, लखनऊ
8. कबीर एक विश्लेषण, श्री शिवदान सिंह चौहान, इलाहाबाद।
9. कबीर कोष, आचार्य परशुराम चतुर्वेदी, इलाहाबाद
10. कबीर ग्रंथावली, डॉ. श्यामसुंदर दास, वाराणसी
11. कबीर ग्रंथावली, श्री पारसनाथ तिवारी, इलाहाबाद
12. कबीर वचनावली, श्री भवानी शंकर श्रीधर, वाराणसी
13. कबीर वाङ्मय, डॉ. जयदेव सिंह एवं डॉ. वासुदेव सिंह
14. कबीर साहित्य की परख, आचार्य परशुराम चतुर्वेदी
15. सद्गुरु कबीर साहब की अखरावती, बेलवेडियर प्रेस, इलाहाबाद
16. 1857 का विद्रोही जगत, सैय्यद नजमुलरजा रिजवी, पूर्व आचार्य, इतिहास विभाग, दीनदयाल उपाध्याय गोरखपुर विश्वविद्यालय, गोरखपुर।

हस्तलिखित (अप्रकाशित रचनाएँ)

1. निर्भय ज्ञान
2. मूल ग्रंथ वंशावली
3. एकोत्तर अर्ज
4. खुदबानी
5. कबीर जी परिचई

पत्र-पत्रिकाएँ

1. कबीर संदेश
2. स्वसंवेद
3. वंश-परिचय
4. कबीर-चौरा
5. दैनिक जागरण, गोरखपुर
6. अमर उजाला, गोरखपुर
7. आज, गोरखपुर
8. हिंदुस्तान, गोरखपुर

साक्षात्कार

1. श्री रामशंकर लाल—मगहर के परिवार के सदस्य श्री अनिल कुमार श्रीवास्तव।
2. श्री गब्बू लाल गुप्ता—मेंहदावल के परिवार के सदस्यों के साथ।
3. मीर माजिद अली—मगहर के परिवार के सदस्यों के साथ।
4. श्री हीरालाल त्रिपाठी, पूर्व प्रधानाचार्य, खलीलाबाद
5. श्री अष्ठभुजा शुक्ला, वरिष्ठ साहित्यकार, बस्ती
6. डॉ. एस.एन. पांडेय, पूर्व उपाचार्य, हीरालाल रामनिवास पी.जी. कालेज, खलीलाबाद।
7. डॉ. अजय कुमार पांडेय, पूर्व प्राचार्य, हीरालाल रामनिवास पी.जी. कालेज, खलीलाबाद।
8. महंथ विचारदास, पीठाधीश्वर, संत कबीर समाधि स्थली, मगहर।
9. श्री शिवकुमार गुप्ता, सामाजिक कार्यकर्ता, खलीलाबाद।

10. श्री तरुण कुमार सुपुत्र जगन्नाथ प्रसाद शरण उर्फ जग्गू बाबू, मगहर।
11. श्री गिरिजेश पति त्रिपाठी, पत्रकार, दैनिक जागरण, मेंहदावल
12. श्री नित्यानंद तिवारी, स्वतंत्रता संग्राम सेनानी, राजाराम शर्मा के प्रपौत्र।
13. श्री प्रवीण पांडेय, स्वतंत्रता संग्राम सेनानी, धनुषधारी पांडेय के प्रपौत्र, ग्राम— चकदहीं, खलीलाबाद।
14. श्री नरसिंह त्यागी, क्षेत्रीय पुरातत्त्व अधिकारी, गोरखपुर।